营销的原点

如何培养一个人的营销思维

徐 淼◎著

中国商业出版社

图书在版编目（CIP）数据

营销的原点：如何培养一个人的营销思维 / 徐淼著. -- 北京：中国商业出版社，2022.2
ISBN 978-7-5208-1794-3

Ⅰ.①营… Ⅱ.①徐… Ⅲ.①市场营销学－研究 Ⅳ.①F713.50

中国版本图书馆CIP数据核字（2021）第191544号

责任编辑：包晓嫱　佟彤

中国商业出版社出版发行
（www.zgsycb.com　100053　北京广安门内报国寺1号）
总编室：010-63180647　编辑室：010-83118925
发行部：010-83120835/8286
新华书店经销
香河县宏润印刷有限公司印刷

*

710毫米×1000毫米　16开　13.75印张　160千字
2022年2月第1版　2022年2月第1次印刷
定价：58.00元

****

（如有印装质量问题可更换）

推荐序一

营销是一件十分简单的事情，在网络上发几个帖子，在街头发一发海报，这就是营销；营销又是一件非常困难的事情，很多企业投入了大量的营销费用，营销信息也是铺天盖地，可营销的结果却常常不尽如人意，甚至出现收不抵支的情况。

总的来说，营销的门槛很低，人人都可以做，投入多少都能做，可以选择不同的方式做，但要想真正做好、做精、做高效却犹如攀登珠穆朗玛峰一般，唯有经过专业训练的人才能胜任。

在具有不同的政治、经济、文化的国家，营销是千变万化的，即便是在同一个国家，不同行业也有着完全迥异的营销方式，如"蓝月亮洗衣液""康师傅方便面"等日用品会面向大众进行大范围的广告营销，各地的风景区则是在高速路的广告牌上进行宣传营销……"营销"二字看起来简单，但它就像老子所说的"道"一样，可以一生二、二生三、三生万物，在实际应用中会衍生出五花八门的方式和渠道，可以毫不夸张地说，营销不仅是一门学问，而且是一门非常精深的学问，是一门涉及范围很广、触类庞杂的学问。

根深才能叶茂，源远方能流长，时下，很多企业和营销人都在极力追求营销的"术"，而忽视了营销的"道"。解决营销困境，最关键的一点是要跳出眼前的现象，追根溯源，找到问题的根源，把根基扎深、扎牢了，一切表象的问题自然会如泡影一样消失不见。正如史玉柱所说，"营销是没有专家的，唯一的专家是消费者，就是你只要能打动消费者就行了"。

《营销的原点》一书独到的地方在于它摒弃了纷繁复杂营销现象的干扰，回归原点去讲营销，能够帮助企业和广大营销人稳固"根本"，强壮"根基"。在众多讲营销方法的书籍中，是难得一见的商业清流。

汪安迪

2021.6.1 于北京

推荐序二

与《营销的原点》一同笑傲人生

为亦师、亦友、亦伙伴的徐淼老师写推荐序，是千言万语都写不完的。我本来是一个严谨孤僻、基本上不太容易相信人的人，人生中除了妈妈，很难对人敞开心扉。直到我与徐老师合作之后，我才明白什么叫作生死之交。我发现，和他在一起，做什么都可以，生死成败都想要在一起，这辈子有这样的朋友我感到特别幸福。一路走来，我们并非一路顺风，一起失败过很多次，但我们总是能够心有灵犀，不分彼此。我结婚时，对妻子所提的唯一条件就是她可以批评任何人，就是不准说徐老师半句坏话。

我是个超级吃货。但我现在常感觉到：吃什么不重要，重要的是跟谁吃。同样地，做事业，重要的也是跟谁做。值此徐老师的伟大梦想启动之际，我只想讲两件事来为徐老师证言。

第一件事，就是每年过年，我们都会写目标，每年我都非常努力地写，不断地自我提升。但是每当我看到徐老师写的目标后，就会发现自己远远不如他的格局，结果就只好以他的目标为目标，把自己所写的全撕了。到了第二年，我就会把自己原先写的目标数字，都在末尾加个0，我想这下子总能追上他了吧？但是，第二年我还是得把我写的又撕了，因为徐老师就是一个快速更上一层楼、写出不可思议目标的超人。我想说的是，他是一个完全不自我设限的人。跟在他身边多年的我才相信了，世界上真的有这样的奇人：心中就是没有那条线。

在"超级演说家"的课堂里，每个学员都知道"自我介绍"是很重要的，但徐老师的要求是：时时都要做新的"自我介绍"。我和徐老师共事这么多年了，他强调：我还是要跟你做"自我介绍"，因为我要告诉你"新的我"，你已认识的是"昨天的我"，你要跟上"新的我"。他就是一个没有设限，永远在更新的伙伴。目标不断完成，又不断更新。他的目标，总是让人瞠目结舌，但我对徐老师所定的目标深信不疑。当年他说1年卖掉价值25亿元的茶叶，我都不相信，但是10多年来我们刷新了一个又一个行业纪录，太多次他都证实了他就是能"说到做到"。比如，赚到花不完的钱、一次次破纪录、做到横扫业界的12件事，我都是见证者。

第二件事，就是我深受影响、让我具有人生勇敢创造态度的一个"问句"。徐老师曾问我：我们想想，过去10年里，是否每一天都有值得说的事？是否有一辈子都忘不了的纪录？他要求我这么期望：当有一天，我们必定会老、会离开世界时，一定要有回想起会微笑60秒，不，只要10秒就好的画面。想想吧，我们回想结婚或生孩子时的画面时会不会笑？可能会，应该会，但相信也有些人想到这些事，不见得会笑的。我们回想到曾有过的欢乐或成就，当然会喜悦地笑。但可能只能笑上10秒吧？徐老师要我们创造日后一想到就感到欣慰、要精彩到可以笑到30秒甚至可以笑上1分钟的事。在我们离开世界时，在人生的最后一秒，画面飞速地在眼前走马灯似的跑一遍时，每一年都应该有能让自己笑上10~30秒的事，最好是有许多在"走"之前能让自己笑超过1分钟的事！我们，积极地在创造笑傲江湖的奇迹。

过去的事已是历史，我们一起将完成的是创造新的历史。我们准备好要创造新的奇迹。大家准备好了没有？绝大多数的人一辈子不会有这种机会，2021年是数字营销的又一个转型期，肯定是我们的又一个纪录里程碑。谨以此序见证。

北京亿进强科技有限公司副总裁　龙恩

序 言

回归原点说营销

　　对于中国的企业而言，这是一个超预期的时代，当中国企业遇到互联网数字浪潮，旧的营销渠道和方法进入了消亡时代，但是新的营销渠道和方法却进入了大爆发。崩溃和重生，是在同一个时空里发生的。在伟大的时代里，一定会有层出不穷新的营销方法和手段，并催生出多种多样的营销理论与学说。

　　中国的营销界从不缺少新的营销方法，也不缺少新的营销渠道，更不缺少各种传播营销理论与方法的营销大师，这是一个营销界"百花齐放""百家争鸣"的时代，这种繁荣的景象实在可喜可贺。

　　快速发展的中国经济，不断更迭的无数企业，为不同的营销方法、理论的实践提供了广阔的土壤，在电子商务领域，营销时时刻刻在创造令人不可思议的成绩，在互联网上，营销常常成为全网热潮的推动者、获益者。每一个身处数字时代的营销人，都像一个技术高超的"冲浪者"，在互联网堆积起来的海量信息中谋求冲出海浪的机会。

　　关于营销的"术"人们说得太多了，讨论得也太多了，但关于营销的"道"却越来越少被提及。在营销行业花团锦簇的背后，一些本质的东西正在被忽视、漠视甚至是遗忘。这种现象可能与互联网营销的快速性有直接关系。

在追求"快""更快"的营销氛围下,每一个营销人都在疲于奔命地追赶新的营销热点,追逐更新的营销玩法,尝试更个性的营销渠道,在这样一个大背景下,人们很难不变得浮躁。

营销是一个针对"人心"做工作的事,掌握"术"层面的技术固然重要,但也不能忽视了营销"道"层面的东西。本书旨在让大家摒弃五花八门的营销技术,回归原点再认识营销。基础不牢,地动山摇,唯有瞄准原点,夯实营销基础,才能让各种各样的营销方法和技术发挥出更大的商业价值。

目 录

上篇 精进，瞄准原点夯实营销基础

第一章 数字营销时代客户在哪里 / 2
1. 近10亿网民构成中国消费主市场 / 2
2. 年轻人成为消费主力军 / 5
3. "她消费"时代，女性即"上帝" / 8
4. 利用大数据锁定潜在客户 / 10
5. 获得客户的四大黄金策略 / 13
6. 让客户生命周期价值最大化 / 16

第二章 如何找出你的竞争对手 / 19
1. 市场调研：找出竞争对手 / 19
2. 调研内容怎么选取 / 22
3. 掌握竞争对手分析方法 / 24
4. 对比：明确与竞争对手的差异 / 27
5. 跨界：看不见的竞争对手 / 30
6. 合作：让竞争对手变成队友 / 32

第三章 产品是一切营销的基础 / 36
1. 做解决客户痛点的产品 / 36
2. 让客户参与产品设计 / 38
3. 产品体验是最好的营销 / 41

4. 定制化产品，营销更容易 / 43
　　5. 个性化产品更触动客户内心 / 46

第四章　打造独一无二的营销点 / 49
　　1. 怎样挖掘产品卖点 / 49
　　2. 独特的卖点更有价值 / 52
　　3. 好口碑：绝佳的营销点 / 54
　　4. 人格体 IP 的巨大营销力 / 56
　　5. 让客户无法拒绝的价格 / 59

第五章　搞懂互联网营销的"套路" / 63
　　1. 互联网营销是为获取流量 / 63
　　2. 搜索引擎付费推广 / 65
　　3. 打造网站高质量外链 / 68
　　4. 社交平台就是营销平台 / 71
　　5. 从引流到转化再到留存 / 73

第六章　手把手教你制订营销计划 / 77
　　1. 营销要有计划，还要有预算 / 77
　　2. 把预算投入收益更高的营销渠道 / 80
　　3. 重大营销活动要放在首位 / 83
　　4. 执行！让营销计划真正落地 / 85
　　5. 巧用"反套路"营销 / 88

下篇　爆破，放大原点的营销辐射力

第七章　内容营销：抓取客户很容易 / 94
　　1. 内容为王：让客户主动找你 / 94

2. 什么样的内容才更有营销价值 / 96
3. 营销文案高手的九大撒手锏 / 99
4. 多渠道、多方式与客户建立链接 / 102
5. 持续性优质内容营销更有效 / 105
6. 打造内容IP，引爆营销辐射力 / 107

第八章　人性营销：洞悉人性更高效 / 111

1. 许多人都有占便宜的心理 / 111
2. 营销就是占领受众的头脑 / 113
3. 巧用焦点效应来营销 / 116
4. 直击人心的赞美与夸奖 / 118
5. 学会借助权威的力量 / 121
6. 激发受众的高尚动机 / 122

第九章　社群营销：打造专属流量池 / 125

1. 社群是商业营销的新场景 / 125
2. 情感与信任是社群营销的基础 / 127
3. 打造社群的核心与十大步骤 / 130
4. 社群运营：得私域流量者得天下 / 134
5. "活着"的社群才有价值 / 136
6. 裂变：扩大社群营销力 / 139

第十章　直播营销：最热门的营销方法 / 143

1. 直播：开启三次元营销新时代 / 143
2. "五步法"设计直播营销 / 146
3. 直播营销的六大方式 / 148
4. 直播营销的策略组合 / 151
5. 直播活动营销的引流方法 / 154

第十一章　故事化营销：让你的营销更深入人心 / 158

　　1. 营销因故事而生动 / 158
　　2. 故事化营销的优势是什么 / 161
　　3. 故事传播的四个关键点 / 164
　　4. 讲好营销故事的要素 / 167
　　5. 情感营销让你的故事更深入人心 / 169
　　6. 社交媒体：最强大的故事营销舞台 / 172

第十二章　差异化营销：更精准、更高效 / 175

　　1. 跳出价格战的营销陷阱 / 175
　　2. 差异化营销更精准、更高效 / 177
　　3. 怎样制定差异化营销战略 / 179
　　4. 客户的差异化管理 / 182
　　5. 差异化营销的五个维度 / 185

第十三章　整合式营销：玩好资源整合这一招 / 189

　　1. 互联网营销思维知多少 / 189
　　2. 五花八门的网络营销手段 / 192
　　3. 营销内容与营销方式的整合 / 195
　　4. 线上活动的整合式营销 / 197
　　5. 线下＋线上，让营销更有效 / 199

后记：让"营销"助您实现伟大梦想 / 202

上篇
精进,瞄准原点夯实营销基础

营销的原点：如何培养一个人的营销思维

第一章　数字营销时代客户在哪里

1. 近 10 亿网民构成中国消费主市场

"店面张贴海报""投放传单"……当广大消费者从传统消费场景中纷纷转移到线上消费时，那些传统时代的营销手段就已失去了用武之地。

如今，越来越多的人很少出门逛街，越来越多的人家中不会安装电视机，越来越多的人过起了"宅"生活。可以毫不夸张地说，互联网彻底改变了人们的生活方式。随着互联网商业的繁荣发展，网购成为社会生活的主要路径，君不见大街小巷里都随处可见快递小哥、外卖小哥，君不见每一个居民区都有快递点……

不管消费者如何变化，商业逻辑是否升级，营销的对象永远是人。当广大消费者的行为和消费方式发生改变时，唯有"逐水草而居"，跟着消费市场走，才能让营销发挥出更大的价值。

在空无一人的地方，哪怕营销做得再好，也是没有任何意义的，做营销必须要到消费者当中去，到人群聚集的地方去。

那么,今天的消费者在哪里呢?

中国互联网络信息中心发布的第 47 次《中国互联网络发展状况统计报告》显示:截至 2020 年 12 月,中国网民规模达 9.89 亿。庞大的网民构成了中国蓬勃发展的消费市场,中国数字经济规模高达 31.3 万亿元,跻身世界前列。

今天,中国最大的消费市场不在商业街,不在万达广场,也不在北上广深等超大型城市的核心商业区,而是在互联网上。接近 10 亿网民构成了中国的消费主市场。

广大网民的需求形成了庞大而多元化的市场需求,从粮油副食到衣服鞋帽,从图书文具到家居家装,从电子产品到各种玩具,从日化用品到各种生鲜,从出行购票到生活缴费,甚至连房产、汽车等都可以在网上购买。形形色色的需求,催生了形形色色的网店,也催生出一个无比庞大的消费市场。

不管是什么行业、什么商品,是实物还是虚拟物,在互联网上都有庞大的消费人群。互联网最伟大的地方就在于它打破了地域、空间上的束缚,将无数小众的消费者聚集了起来,哪怕是无比小众的需求,也汇集成了一个个值得深入挖掘的细节消费市场。

与此相对的是,营销的大变革。以互联网为依托形成的数字经济,彻底打破了传统商业盈利模式,也彻底颠覆了营销,开启了一个数字营销的新时代。

数字营销,顾名思义,就是借助于互联网络、电脑通信技术和数字交互式媒体来实现营销目标的一种营销方式。与传统营销不同,数字营销有其鲜明的自身特征。

一是传统营销的对象是自然人，营销者对营销对象的了解是停留在浅层面的，而数字营销的对象是基于明确的数据库对象，在互联网大数据面前，每个消费者都可以实现精准大数据画像，从性别、年龄到收入、消费水平以及消费偏好、消费习惯等，数字时代大大加深了营销者对消费者的认识和了解，这也意味着营销的精准度在不断上升。

二是传统营销是一种"广撒网"式营销，而数字营销则是"精准"式营销。在电视台投放广告是传统营销中最常见的做法，这种简单的营销方式曾诞生过无数家喻户晓的名牌产品，但互联网的快速发展解构了传统主流媒体的关注度。互联网的发展和自媒体的兴起，打破了传统媒体组织的垄断式"传播权"，媒体权力被技术发展成功解构，营销的门槛被大大降低了，与此同时，营销难度呈几何倍数增加。

数字时代的营销一方面正在充分享受互联网的快速传播力所带来的技术红利，个人的一条消息能在极短的时间内呈病毒式传播成为全网热点，这大大提升了营销的效率；另一方面，营销在数字时代也在面临着不小的挑战，越来越激烈的竞争，越来越难以喊出声音的窘境，越来越五花八门的营销方法，越来越短暂的营销效果……

面对近10亿网民的消费市场，营销正在成为越来越白热化的商业战场，在产能充沛的今天，营销已经成为企业生死存亡的关键，谁营销做得好，谁就能聚集更多的消费者，占据更多的市场份额。数字时代的营销要怎么做，是摆在每个企业面前要必须解决的难题。

2. 年轻人成为消费主力军

从消费者的生命周期来看，一个人最具消费能力的阶段主要集中在青年和中年阶段。

婴幼儿、少年时期主要依赖家庭生存，没有独立的经济收入，即便是有旺盛的消费需求也常常不能转化为市场消费的实际动力，在进入社会之前，主要是校园生活，消费水平较低，消费内容多是围绕着基本生活、学习需求。

进入社会后，随着经济上的独立，年轻人"追逐潮流""充满好奇心"等特征，促使他们成为消费市场上的主力军。这一年龄阶段的年轻人，面临着买车买房、恋爱结婚等问题，且工作上处于上升阶段，对未来的收入情况充满信心，无疑这将产生非常大的消费动力。

尽管中年人也是消费市场的消费大户，但与年轻人不同的是，中年人的消费主要呈现出"务实"的特征，绝大多数中年人上有老、下有小，随着年龄的增长，未来经济收入的预期下降，且身体健康方面开始出现问题等，这促使中年人在消费上更偏于保守，他们更愿意为那些物有所值的商品付费，而不会被五花八门的营销迷惑而冲动消费。

老年人的消费水平较低，主要集中在医疗、养生等健康行业，这一年龄阶段，人的物欲会降到低水平，关注自己的身体健康胜过形形色色的商品。

营销的原点：如何培养一个人的营销思维

总的来说，不管是在过去，还是在将来，不管是在传统商业领域还是在互联网电商领域，年轻人始终是消费市场的主力军。北京师范大学新闻传播学院发布的《新青年新消费观察研究报告》指出：19—35 岁的移动互联网用户达 6.5 亿，青年群体已成为中国互联网消费的主力军。今天的年轻人，在网购时很容易受社交、短视频、直播等的影响，喜欢尝鲜，乐于跟好友分享商品，并通过拼团等以更低价格达成交易。

数字时代的年轻人在消费行为、习惯、模式上有非常鲜明的新特点，我们可以通过京东大数据研究院发布的 2020 年青年消费数据来了解今天年轻人的消费趋势和特征。

娱乐消费很突出

从消费数据来看，逐渐成为消费市场主力的 95 后明显是"更会玩"的一代，即便是在 2020 年疫情反复的情况下，传统宠物猫、狗相应的消费市场虽有影响但影响不大，异宠市场（禽、龟类、微型哺乳动物，昆虫等）表现突出，年轻群体异宠消费的增长高于全站 10 个百分点。与 80 后相比，95 后在花卉绿植方面的消费也更加旺盛，同比增长了 35%。

95 后的消费怎么能少了电子数码产品？数据显示，年轻人最愿意在电子产品和游戏产品上消费。95 后的游戏消费增长在 2020 年 1—4 月同比增长 270%，可以说是呈现出大爆发的发展趋势，此外，游戏设备消费额增长 40%，电脑消费额增长 35%，手机消费增长近 30%。

悦己型消费持续增长

今天的年轻人生活在一个物质十分丰富的年代，他们从小没有缺衣少食的体验，体现在消费行为上，购买一件商品除了其功能外，更多的是

"我买我喜欢""我买我高兴",与上一代人的"使用型"消费不同,当代年轻人的消费呈现出明显的"悦己型"特征。"猫爪杯""喜茶""脏脏包"等一系列商品的全网火爆,就是最好的佐证。

悦己型消费的门类是多种多样的,护肤、美容、整容、服饰,目的地各不相同的旅游,五花八门的爱好,健身塑形,户外运动,各大品牌奢侈品等都属于悦己型消费。

成长型消费稳步提高

京东2020年1—4月年轻人购书消费额同比增长高于全站平均水平42%,其中,95后(25岁及以下)的增长则高出全站49%。26—35岁的人群图书消费额单价同比增长最快,说明这一群体求知需求更加旺盛,且女性用户的占比相较全站均值高出27%,年轻女性越来越多地注重通过读书充电或兴趣阅读的方式提升自我修养。年轻人是最为积极向上、锐意进取的人群,体现在消费结构上,在诸如图书、工作技能、继续教育等成长型消费方面呈稳步提高。

年轻人是消费的主力军,了解他们的消费偏好、消费习惯、消费行为等,对数字时代的营销具有非常重大的实际意义。

近年来,互联网服务经济的兴起,推动了服务营销时代的到来。今天的用户,其需求已不单单是对某个产品的需求,他们在意的不仅仅是商品本身,毕竟能提供竞品的企业多如牛毛,他们更在意自己的个性化需求、良好体验需求、分享需要等是否得到了满足。正如凯文·凯利所说,"一切产品都会变成服务,变成一种流",在服务经济时代,一切营销都是为了给用户更好的服务,一切营销的最高阶段就是满足用户潜在需求的服务,脱离了服务的数字营销注定是低效的。

3. "她消费"时代，女性即"上帝"

接近 10 亿的网民中，女性网民数量占据了半壁江山。超过 4 亿的女性群体基数，意味着巨大的商业价值。据全球 500 强、知名管理咨询公司埃森哲预测：中国女性消费者每年掌控着高达 10 万亿元人民币的消费支出。10 万亿元人民币，这差不多等于欧洲德国、法国、英国的零售市场总和，很显然，这是一个非常广阔、庞大的市场。

事实上，今天的女性正在主导着越来越多的消费市场，"她消费"时代已经悄然无声地到来。

在家居消费领域，以众所周知的红星美凯龙为例，女性会员占比 70%，且正在以每年两位数的比例上涨。在家居产品的购买上，女性拥有绝对决策权，女性独立决策的占 69%，共同决策的占 20%，男性独立决策的仅占到 10% 左右。

在咖啡消费领域，女性的存在感越来越强。全国的咖啡厅数量从 2016 年的 8.6 万家增至 2020 年的 16 万家，据中国相关行业智库调查：咖啡厅的消费人群主要集中在 35 岁以下的年龄段，其中 70% 是女性。

在服饰、母婴、化妆品领域，女性更是当之无愧的"消费女王"。据阿里巴巴统计显示：阿里系在线电商销售额中 70% 由女性贡献，服饰、母婴用品、化妆品、家居用品是女性消费者最爱购买的商品，其中，服饰占 89%，母婴用品占 87%，化妆品占 83%，家居用品占 78%。

在食品、日用品领域，女性同样是主流的"决策者"，三、四线城市家庭中"女性负责采购家庭一半或以上的食品和日用品"的比例达到90%。

此外，在健康市场、宠物市场、汽车市场、房产市场、智能手机、各类电子商品市场，女性也占据着优势地位，成为消费中的"实力军团"。"她消费"时代的到来，正在深刻改变着数字营销的方式和方向，在互联网数字营销时代，要想把营销做好，就必须把眼光聚焦到"她""她们"身上来。

"她经济"时代下的女性消费主要有四大特点。

一是美丽消费占主导，除了众所周知的服装、化妆品、健身减肥、美容整形等，今天的女性越来越注重"心灵美"，图书、电影、咖啡、旅游、演出、文创、艺术品等也受到女性的青睐，如云南普者黑景区在《三生三世十里桃花》热播后，迅速成为女性游客游览的热门地。此外，女性不仅自己爱美，还非常注重恋人、孩子、丈夫的形象，女性的审美直接引导着社会消费的大潮。

二是非理性消费突出，在购物时，女性更容易受到环境和情感的影响，非理性消费情况很普遍，如原本什么都没打算买，但听到商家有优惠，就立马买了不少东西，商家要想服务好女性群体，就一定要善打"感情牌"。

三是实用至上，不管经济情况好坏，女性都非常看重商品的实用性、品质、功能等，她们更喜欢经济实惠、经久耐用的商品，此外，中国女性除了工作，还要承担家务，为了能有更多时间用于休息、娱乐，会更偏爱省时省力的商品，如扫地机器人、便利的主副食品等。

四是青睐名牌，在女性眼里，名牌＝品质＋品位＋经典。相关统计数据显示：95.8%的女性更青睐于购买名牌产品，62.1%的女性消费者认为，名牌"价格虽贵，品质有保证"；50.4%的人认为，"名牌制作精良、使用持久"。当前，火爆的奢侈品市场足以说明广大女性消费者对名牌的喜爱。

在中国消费市场，75%的钱是从女性消费者的手里花出去的，"她消费"时代，女性才是上帝，才是数字营销最应该聚焦的"核心客户群"，女性的爱好与需求是互联网时代数字营销的"指南针"，深入了解研究女性消费群体，对几乎所有商业领域和所有企业都具有战略性的重大意义。

女人是互联网消费的主导者，如何满足女人的需求成为互联网数字营销的重要问题。女人具有情感化的思想特质，追求体验、个性化、分享，渴望更高品质的购物场景服务，在这样的大背景下，只有了解女性思维才更具有数字营销模式的设计能力。

4. 利用大数据锁定潜在客户

在营销学领域，有一个非常有意思的现象：80%的销售额往往是20%的消费者创造的，倘若我们可以把客户的维系率提高5%，那么销售额就会提升30%—50%，绝大多数企业50%的利润会被30%左右的非营利消费者消耗。

事实上，这一现象在我们熟悉的商业领域非常常见，以超市为例，总有一部分消费者长期只逛特价商品区，购买商品以特价商品为主，其他商品很少会买，众所周知，特价区是超市为了吸引消费者而设立的，其商品往往没有赢利甚至是亏本销售，尽管这种方法起到了很好的引流效果，产生了一定的营销价值，但商家也要为此付出一定的利润，这些利润会被那些不能带来赢利的消费者消耗掉。

京东、拼多多、淘宝等电商平台的限时秒杀、某某元商品砍价免费拿等，这些每个网购消费者都非常熟悉的套路，本质上都是商家的营销手段。

尽管特价、免费等可以吸引消费者，但我们必须清醒地认识到：在庞大的网民群体中，并不是所有的消费者都有营销的价值，也并不是所有的网民都能够成为我们的潜在消费者。适合所有人的商品，从另一角度来说，就是所有人都觉得不适合自己。

如今，我们身处的社会，是一个多元化的社会，中西方思想交汇碰撞，不同年龄的人有着各不相同的习惯与爱好，即便是小众人群也能够在互联网上找到与自己志同道合的团体……

一方面，这种开放式的社会文化变革让人们感受到了更多的自由；另一方面，让更多人开始自我思考，我是谁，我要做什么，我因什么而不同。今天的互联网购物消费行为，逐渐成为一种寻找自我身份认同的方式或渠道。

购买职场通勤服饰，往往并不是因为缺衣服穿，而是职场服饰恰恰满足了这一类用户关于"职业白领""职场精英"的身份认同；购买奢侈品牌，消费者看重的常常并不是商品的实际使用价值，而是商品可以很好地彰显"优越感""高雅"，这与"我比普通人高一等"的身份认同不谋而合；购买专业跑鞋、户外运动鞋，究其消费行为的根源，也是为了寻找"运动达人""健康活力"的身份认同感。

越是自由、宽松、价值观多元化的社会，大众越是需要寻找身份认同，这就为我们运用大数据锁定潜在客户提供了便利，同时为我们数字时代的营销指明了方向。

利用大数据锁定潜在客户，可以按照以下三个步骤来做：

第一，分析既有的消费者数据。要想做好数字时代的营销工作，我们首先必须充分了解自己的消费者群体。大数据就是我们了解消费者最好的工具，可以通过分析既有消费者群体数据的方向，为精准客户群体画像。分析消费者群体数据，要重点分析消费者年龄、性别、经济收入情况、所处地区、职业因素、消费习惯、消费偏好、更容易受什么信息影响，从何渠道了解本品牌或商品等。这些信息可以很好地帮助我们画出潜在客户的模样。

第二，寻找与潜在消费者重合的内容社区。互联网既像大海一样，有数不清的信息，但与此同时，互联网又是由一个个大小不同、形形色色的内容社区组成的。俗话说，物以类聚，人以群分，无数拥有共同特征的人由互联网连接组成一个个内容社区。与寻找单个的、游离的消费者相比，当然是寻找潜在消费者群体更省时省力、有效率。

如果是时尚、潮流的商品，小红书就聚集了大量的追求潮流、时尚、生活品质的女性消费者，是潜在客户的聚集社区，因此可以将其作为数字营销的重要阵地；如果是母婴类用品，那么宝宝树则聚集着大量的孕妇、产妇、新手妈妈等，此类内容社区的用户与母婴用品的消费者是高度重合的，所以也可以将其作为数字营销的重点区域。

除了寻找与潜在消费者重合的内容社区外，有实力的企业还可以自己搭建内容社区，通过优质内容和高水平运营，来聚合自己的目标消费者，从而锁定潜在的有经济实力的消费者，实现精准营销。

5. 获得客户的四大黄金策略

今天的客户，与 5 年前、10 年前的客户大不相同，从消费行为、消费观念到消费偏好，都发生了巨大的变化，这就意味着再用过去获客的营销手段，不仅难以取得预期的营销效果，还很可能会适得其反。那么，在这个日新月异的互联网＋时代，我们怎样才能更好地完成获客工作呢？

（1）策略一：投放诱饵

人人都有占便宜心理，在商场开业时，我们常常会看到为吸引民众的开业活动或开业表演，不管是什么形式的开业活动，都会有"诱饵"，或者是超低的商品价格，或者是到场就有礼品相送，或者有精彩的演出还能现场抽奖赢奖品等，尤其是水平高的主持人，可以运用纸巾、毛巾、洗衣液等小礼品把现场的气氛烘托得十分热烈。

实际上，数字营销和传统商场开业时的活动是非常相似的，要想吸引更多人，增加人气，就必须要有"诱饵"。不同的诱饵，其传播的速度和范围也是不同的，一般来说限制条件越简单，越是价格贵重的、稀缺的诱饵越具备广泛人际传播的能力，"免费领取 10 元话费券""免费领取 50 元话费券"，显然后者的传播速度更快，我们只要把消息告诉一部分人，这些人就会自发地传播给自己的亲朋好友、家人、分享到朋友圈等，从而帮

营销的原点：如何培养一个人的营销思维

助我们实现裂变式获客。总的来说，投放诱饵是一种花费较小且获客效果不错的实用方法。

（2）策略二：砸钱推广

目前，市面上有不少专业的推广公司，这些公司可以提供一条龙式的推广服务，包括点关注、点赞、分享作品；给评论区粉丝点赞，给大号引流；搜索商品、关注、收藏；给准客户批量发私信引流；搜索关键词，锁定地区、识别男女、过滤粉丝量……寻求这些专业推广公司的帮助，是可以快速获客的好方法，不过各类推广公司收费标准不一，我们在选择的时候，切忌"贪多"，还是要根据自身的情况以及经济预算等，争取做到利益最大化。

（3）策略三：内容为王

20世纪的营销只要简单粗暴地在电视台等主流媒体投放广告就能达到非常惊人的效果，且连广告词都非常直接，如"恒源祥，羊羊羊"的十二生肖广告，尽管人们都不喜欢这些营销内容，但事实上确实取得了不错的营销效果；但进入移动互联网时代，直白的、令人厌烦的、让人不喜欢不愉快的营销似乎很少再看到了，这与互联网提供的海量信息有直接关系，在海量的信息面前，每个人都有足够多的选择权，这倒逼了营销方式的快速发展。

今天的营销正在越来越"软"，不到最后一刻我们甚至都不知道营销的目标是什么，不少营销内容变得非常富有艺术性。只有让营销内容变得有趣、新鲜、有美感、吸引人，才能让更多的潜在消费者了解品牌或产品，这是一个营销内容为王的时代。众所周知的江小白，就是一个非常典型的靠"营销内容"出圈的白酒品牌，"将自己灌醉，给别人机会""你敬

我一杯，我敬你一丈""辣辣辣，辣辣辣，我是品酒小专家"等营销语，让江小白赢得了广大年轻人的认同与喜爱。

（4）策略四：活动营销

活动营销的本质是通过用户的参与感来给产品增加附加值。"也许世界上也有五千朵和你一模一样的花，但只有你是我独一无二的玫瑰。"正如小王子所说，哪怕有再多的玫瑰，他亲手浇水、捉虫、照顾的玫瑰花也是独一无二的。因为"参与"所以"独特"，让消费者参与进来自己动手，可以在无形当中增加产品在消费者心目中的价值，如小米举办"米粉节"向大众征集创意，这就是一个典型的增加用户参与感的方案。

在电商领域，活动营销的方式是多种多样的，最常见的是各种各样的购物节促销活动，如6·18、双十一、双十二以及各种各样的节日促销活动；还有风靡全网的各种话题活动，如"冰桶挑战"接力赛，这项呼吁公众关注肌萎缩侧索硬化症的公益募捐活动，吸引了无数企业家大佬、明星、网红的参与，挑战者均要拍摄视频上传网络并提名三人，不敢参与挑战者要捐出善款。出色的活动可以帮助我们快速获得大量客户。

这是一个供大于求的时代，如何让用户在众多的信息中记住你、经常观看你，是关系到获客成败的关键因素，在这样的大背景下，必须要打造特色，进行个性化营销，才能有光明的未来。

营销的原点：如何培养一个人的营销思维

6. 让客户生命周期价值最大化

硅谷科技思想家、《连线》杂志创始主编凯文·凯利，被人们亲昵地称为KK，他在《技术元素》一书中的那篇《一千个铁杆粉丝》广为人知。KK认为："要成为一名成功的创造者，你不需要数百万粉丝。为了谋生的话，作为一名工匠、摄影师、音乐家、设计师、作家、App制造者、企业家或发明家，你只需要1000个铁杆粉丝。"

那么什么样的粉丝是"铁杆粉丝"呢？对此，KK的定义简单而直接，即"购买你任何产品的粉丝"。从商业或营销的专业角度来说，"铁杆粉丝"实际上就是让客户生命周期价值最大化的一种产物，人们常说的"粉丝经济"，就是建立在开发客户生命周期最大价值基础之上的一种崭新的商业模式。

"这些死忠的粉丝会开200英里看你唱歌；他们会买你的书的精装本和平装本以及可听见的音频版本；他们会盲目购买你的个人雕像；他们还会购买你免费YouTube频道的'最佳'DVD；他们每月来参加一次你组织的聚会。如果你有大约1000个这样的铁杆粉丝，你就可以谋生——如果你满足于谋生而不是一笔财富。"

从现实角度来说，明星、网红等群体是开发客户生命周期价值的最典型代表，由此衍生出来的一些网红品牌也在极大地开发客户生命周期的最大价值。

互联网的繁荣发展，让人与人之间构建起了一种基于虚拟网络的新型社交关系，对于企业品牌来说，客户已经不仅仅是一个真实的人，还是投射到虚拟网络中的"粉丝""好友""数据"。

一种通过提升用户黏性并以口碑营销形式获取经济利益与社会效益的商业运作模式诞生了，粉丝经济迅猛发展。所谓"粉丝经济"，即架构在粉丝和被关注者关系之上的经营性创收行为。

互联网突破了时间、空间上的束缚，原来多运用于文化娱乐行业的粉丝经济，逐渐被宽泛地应用于销售商品、提供服务等更多领域。企业可以借助一定的平台，通过某个兴趣点聚集朋友圈、粉丝圈，给粉丝用户提供多样化、个性化的商品和服务，最终转化成消费，实现盈利。

在互联网数字时代，用户数据是企业最为重要的战略资产。企业需要精准地留住用户的数据，和用户进行长期互动，真正的营销是从售后开始的，这是品牌运营的不二法则。如今的大数据技术，为企业搜集和分析用户数据、打造高质量的数据资产提供了极大便利。

京东、当当、拼多多、今日头条等，无一不实现了"千人千面"功能，即根据每个用户的搜索习惯、浏览习惯等推送其可能更感兴趣的商品或内容，如此"个性化"的服务，其实现基础就是大量用户数据。

在越来越透明的互联网信息环境中，企业需要作出相应的改变，应当主动追求一种双向透明的新环境，让用户能够参与经历、体验品牌发生过程中的绝大多数事务，并以此来增加用户的黏性和忠诚度，让客户生命周期价值最大化。

前雅虎营销副总裁高汀在《紫牛》一书中指出：具有生命力的产品或服务应该像黑白奶牛群中冒出的紫牛一样，让人眼前一亮——只有拥有与众不同的产品或者创意,你才能在市场中处于领跑者的地位。在数字时代的今天,仍有不少传统的企业还在死磕营销,但聪明的企业早已经开始自建部落。

在互联网和移动互联网流量见顶的时代,营销正在变得越来越困难。注意力经济时代已经过去,社群时代已经到来。单纯追求粉丝数量的营销原则早已经发生了质的改变,自建私域流量池,追求精准流量,下沉到社群进行更加精准的营销才是未来营销的发展趋势。

正如柴娅所说:"大部分创业企业的数据量是非常小的,但这种非常小的数据如果深度挖掘,同样可以产生巨大的能量。"深度挖掘的用户数据远远要比泛泛的用户大数据更重要,这是每一个营销人员都需要重点铭记的商业法则。

【营销锦囊】

互联网就像大海一样,有数不清的信息,但与此同时互联网又是由一个个大小不同、形形色色的内容社区组成的。俗话说,物以类聚,人以群分,无数拥有共同特征的人由互联网连接组成一个个内容社区。与寻找单个的、游离的消费者相比,当然是寻找潜在消费者群体更省时省力、有效率。

比如,小红书聚集了大量的追求追潮、时尚、生活品质的女性消费者,可以作为时尚服装、中高端化妆品绝佳的数字营销阵地;宝宝树则聚集着大量的孕妇、产妇、新手妈妈等,此类内容社区的用户与母婴用品的消费者是高度重合的,是母婴用品、儿童教育产品的数字营销重点区域。

第二章 如何找出你的竞争对手

1. 市场调研：找出竞争对手

"知己知彼，百战不殆。"在商场如战场的今天，市场竞争越来越白热化，不了解所处行业的市场情况，不认识自己的竞争对手，就意味着在与竞争对手的商业较量中胜算很低，甚至没有胜算。

不管你从事哪个行业，不管是一线实体的制造业，还是提供服务的第三产业公司，我们首先要做的一件重要事情就是找出竞争对手。市场调研是帮助我们找到竞争对手、了解竞争对手的一种有效方法和实用手段。

从专业角度来看，市场调研是一种把消费者及公共部门和市场联系起来的特定活动，其调查结果呈现出来的各种信息可以用来识别和界定市场营销的机会和问题，可以为企业产生、改进和评级营销活动，提高营销效率提供重要参考信息。

对于中小型企业来说，市场调研是一个让人迷茫的问题。尽管市场调研确实重要，但需要投入人力、财力，其投入产出是否有价值是让营销人员难以抉择的，在营销费用有限的情况下，中小型企业更愿意"好钢用在刀刃上"，把钱花在直接的营销活动中而不是市场调研这种不直接产生营销价值的事情上。中小型企业一人身兼数职的非专业化岗位设置，也使企业缺乏专业的市场调研人员，经济上又难以负担专业的市场调研服务。要不要做市场调研工作，调研的对象在哪里，都要调研哪些信息，成了一团又一团迷雾。

实际上，市场调研并不复杂，尽管其目标各有不同，但本质上都是去找出竞争对手、了解竞争对手的做法，从而为自身的营销工作指明方向。

一般来说，市场调研流程主要有六个步骤：

（1）明确市场调研的具体目标

市场调研的具体目标不是拍脑袋产生的，也不是哪一个营销高手金口玉言评说出来的，而是根据企业的实际情况总结出来的。要想确定好市场调研的具体目标，我们首先要对企业产品的销售情况进行汇总、分析，要梳理企业的营销工作以及以往营销手段、效率，还要对整个行业的情况有所判断，知晓行业的龙头企业有哪些，对方的产品定价、销售规模、营销手段等情况有所了解，在综合了各方面的信息之后，再综合决策找出企业急需改善的"点"，并以此为依据确定市场调研的具体目标。

（2）确定市场调研的设计方案

市场调研的方式是多种多样的，既有线下采访，也可以线上填写问卷；既有电话调研，也有抽样调研……市场调研的周期有长有短，短则线上某个时间段的点击量，长到连续几年；此外，调研范围既有小范围的某个街道，也可以是某个城市、地区或全国，甚至是全世界范围内的同行业。企业可以根据实际情况，确定适合自身的市场调研方案。

（3）确定信息的类型和来源

简单来说，就是确定市场调研的信息和人群范围，市场调研信息的确定是一个系统性的工程，我们在确定信息的类型和具体资料项目时，一定要紧紧围绕着市场调研目标来设计，只有这样才能设计出最佳的市场调研问卷。

（4）提前确定好抽样方案以及样本容量

以竞争对手为例，在市场充分竞争的大环境下，每个企业的竞争对手有成千上万家，数不胜数，从实际角度来说，我们不可能对所有竞争对手都进行详细的市场调研，这时从中选出最具代表性或最有威胁性的竞争对手作为我们的市场调研对象是最优解。

（5）收集资料并分析资料

收集资料是一个事关调研结果准确度的关键过程，在收集资料的过程中，要尽可能保证信息的准确性、客观性，尽可能减少无效问卷。资料收集完毕后，对资料进行汇总统计是一个大工程，我们可以运用大数据等现代化技术手段进行统计和计算，得出市场调研的信息汇总结果，并对其进行分析。

（6）撰写调研报告

市场调研结果的信息中看似只是一组组各种各样的数据，但实际上这些数据中却包含着无数宝贵的讯息，最后要由行业资深人员或专业人士对数据进行分析后，把分析结果形成调研报告的形式。

市场调研就像是战场上的侦察兵，可以帮助我们刺探"敌情"，洞悉竞争对手的一举一动，只有掌握了竞争对手的实际情况，才能更好地了解市场环境、行业变化，弥补企业决策信息不足的缺陷，制订出更有针对性、更稳健、更高效的营销计划。

营销的原点：如何培养一个人的营销思维

2. 调研内容怎么选取

我们可以通过市场调研来获得竞争对手的各种情况，如产品构成、供应商、定价策略、销售渠道、营销策略、竞争优势、研发方向、财务情况、骨干人才、市场占有率、主要消费群体、不同地区的销售情况等，深度了解竞争对手方方面面的情况固然好，但在实际操作层面上却不太可行，这是由于每个企业的市场调研预算都是有限的，要想让有限的市场调研预算发挥出最大价值，就一定要做好市场调研内容的选取工作。

调研内容的选取，顾名思义，就是针对竞争对手的情况，找出最有价值的调研项目，对于借鉴价值不大的信息则采取不调研或部分调研的方式，来节省市场调研的人力、物力，用最少的钱、最有针对性的调研项目来达成洞悉竞争对手优势的目的，从而帮助自身制定更恰如其分的营销策略，扩大商品的市场份额。

那么，具体来说，调研内容究竟要如何选取呢？

一般来说，不同的行业，其竞争对手调研内容的选取也会有所差异。但万变不离其宗，不管是什么行业，你的竞争对手是什么样的，我们都可以从以下五个方面来开展调研内容的选取工作。

（1）成本

在商品价格越来越透明的时代，谁的成本更低，谁的利润就更大。调

研竞争对手的情况，一定不要忽略其成本因素。尽管我们很难通过市场调研，准确知晓对方的精确成本，但通过对其产品固定成本和变动成本的调研，完全可以判断出其成本结构，从而为我们的商品定价做好预判。

（2）主产品

任何一家企业的产品都不是单一的，但其产品及销售量基本上都会遵循二八定律，20%的主打产品创造了80%的利润，而剩下的80%的产品，其盈利能力比较弱，只能占到企业盈利的20%。因此，我们在市场调研的过程中，一定要摸清竞争对手的主打产品，将其主打产品的特色、优势、卖点、销售者反馈、成本、定价、营销策略等都纳入市场调研的内容当中。这可以为我们有针对性地设计新产品以及推广新产品提供非常有价值的参考。

（3）价格区间

每一家企业的产品都是由不同部分组成的，既有盈利型产品，也有非盈利型产品，还会有用来引流的爆款产品，这些不同类型的商品，其价格区间也各不相同。以汽车市场的养车领域为例，免费洗车就属于引流产品，把消费者吸引进来之后，再通过汽车故障快修、汽车定期保养、汽车装饰美容等产品来实现盈利，还有一些服务虽带不来多少消费者，利润也很低，但为了方便广大消费者，也会为其提供产品或服务，这类产品就属于非盈利型产品。调研竞争对手不同类型产品的价格区间，可以对我们调整自身的产品结构、产品定价策略等提供非常有价值的参考。

（4）价值主张

在供大于求的市场大环境下，商品与商品之间的差异几乎可以忽略，商品和品牌的差异化、溢价主要通过其价值主张来实现。因此，我们在对竞争对手进行调研时，一定不能忽略其价值主张。比如，可口可乐体现"经典的可乐"，以可口可乐的价值主张为线索，百事可乐定位为"年青一代"的价值主张，了解竞争对手的价值主张，并在对方的价值策略之上，制定自身的价值主张，远远要比我们冥思苦想提出自己的价值主张更高效、更贴合市场和受众，更大程度上满足消费者的针对性需求。

（5）运营概况

一般来说，运营概况包括营销活动、促销形式、盈利模式、企业管理等有关于运营的一切信息。需要注意的是，在调研竞争对手的运营状况时，一定要有全局观念，如海底捞，如果我们只知道其服务，却没有了解它的盈利模式和供应链等重要因素，那么即便是复制海底捞的经营也很难达到海底捞的高度和水平，更遑论超越了。

除此之外，我们可以根据所在行业的特殊性、竞争对手的突出特点等，再筛选出一些其他需要调研的重点内容和角度。总的来说，调研内容的选取一定要遵循多维度原则，从若干个调研方向、若干个不同角度去调研，只有这样才能得到更加立体、客观、全面的调研结果。需要注意的是，在调研内容的选取上切忌贪大求全，要去粗取精、找出重点、主次分明，如此一来调研才能更有效率。

3. 掌握竞争对手分析方法

在得到竞争对手市场调研的结果后，接下来就要对调研结果进行多角度的专业性分析。掌握竞争对手的分析方法，是每一个高水平营销人员的必备专业技能。

要想掌握竞争对手分析方法，首先我们必须明确分析竞争对手的重要性。不管企业所处什么样的行业，能够对企业造成严重威胁的竞争对手，都可以被称为直接竞争对手，即那些与我们的商品或服务高度重合的竞争者，为了谋求竞争优势，直接竞争对手之间的竞争是非常激烈的，如众所周知的奶企蒙牛与伊利，就属于直接竞争对手。相宜本草与兰蔻都是为消费者提供日化护肤用品的品牌，但由于两者的定位不同，服务的消费者群体不同，因此两者就不属于直接竞争对手。

掌握竞争对手分析方法，重点是掌握那些直接竞争对手的分析方法。识别直接竞争者，也是一项至关重要的工作。我们可以通过战略群组的角度来识别直接竞争者，以免走错了方向。和市场细分一样，每个行业都可以细分为相似的战略企业群。处于同一个战略群组的企业就是直接竞争者，所以同一个战略群组，即采用相似或相同的技术，生产相似或相同的商品，为消费者提供相似或相同的服务，采用相互竞争性的定价方法，简单来说，就是产品或服务同质化、价格相当、消费者群体高度重合的企业之间就属于直接竞争者，是真正极具威胁性的竞争对手。

不管是市场调研还是竞争对手分析，我们都要把精力集中到这些直接竞争者身上，其他竞争者可以次之。

确定了直接竞争对手，就要对每一个竞争对手做尽可能详细、深入、多角度的分析。针对竞争对手的调研结果可以作为我们分析的一个重要参考，除此之外，还要对每个直接竞争对手的长远目标、现行战略和企业能力等进行分析，并以此为依据，判断其后续商业行为的基本轮廓，尤其是要重点考虑竞争对手在面对行业变化时可能做出的反应，这对于我们制订有竞争性的营销计划、营销长期规划等都是非常有价值的。

（1）竞争对手的长远目标

对竞争对手的长远目标进行分析，其核心要点是对比竞争对手长远目标与当下所处的位置，倘若当前所处位置与长远目标差距很大，且对当前所处位置不满意，那么接下来对方很可能会采取扩张型策略；反之，则对方很大概率会采取保守、稳健型策略，以保持当前行业位置为目标点。

20世纪七八十年代，日本摩托车企业的战略目标是全面占领美国市场，明确的长远目标可以很容易判断出其面对困难所采取的行动策略，尽管有关税壁垒这个拦路虎，但日本摩托车企业直接去美国建厂，绕过了关税壁垒的限制。

我们在对竞争对手的长远目标进行分析时，要综合市场环境、行业周期等多种因素去全局性地考虑，以便更加准确地预测竞争对手接下来的商业行动和营销策略。

（2）竞争对手的战略假设

任何一家企业的战略目标，都是建立在一定假设基础之上的，这些假设基本上可以划分为三大类：一是竞争对手信奉某一理论假设，并以此作为战略目标制定的重要依据，以日本企业为例，不少日本企业都信奉市场占有率和规模经济理论；二是竞争对手对自己企业的假设，如按照客观规律来假设企业今后的发展方向，从而制定出未来的发展战略目标；三是竞争对手对行业及行业内其他企业的假设，如当前中国不少车企认为未来是电动汽车的天下，基于这种假设，不少企业纷纷重金进入电动汽车行业。

分析竞争对手的战略假设，可以帮助我们更深刻地认识其长远战略目标，还可以帮助我们识别所处行业或环境的偏见和盲点，避免因盲目跟进竞争对手而误入歧途。

（3）竞争对手的战略途径与方法

战略途径与方法是丰富而具体的，营销只是其中的一个重要方面。对竞争对手的战略途径和方法进行深入分析，可以为我们寻找成功路径提供样本参考。以本田为例，从营销战略上来看，它在进入美国市场时有非常系统的一套战略和方法，先是以小型车切入市场，提高产品吸引力，站稳脚跟后再不断向大型车市场渗透，价格策略上依靠规模优势低价销售占领市场，营销上建立摩托车新形象，与哈雷的粗犷风格明显区分开来，形成了自己的营销特点，事实证明，本田的策略和方法是正确的。以竞争对手成熟的战略途径和方法为参考，可以帮助我们少走错路、弯路，大大提高营销的精准性。

4. 对比：明确与竞争对手的差异

商场如战场，面对不同的竞争对手，其战术也有所区别，对于实力强横的竞争对手，不宜强攻，避其锋芒侧方进攻为上策；对于实力十分弱小的竞争对手，则以实力多方面直接碾压更有效率。

对比，是明确自身与竞争对手差异的好方法。在对竞争对手进行详细、全面、充分、彻底的市场调查后，我们就可以对所收集的市场信息进行深入分析了，需要注意的是，每一个竞争对手的市场调查分析结果都要形成独立的电子档案，一来可以方便我们在后续对竞争对手的调研中继续完善其电子档案，二来可以大大提高我们查找资料的效率。

接下来，我们就可以运用"SWOT分析法"对敌我双方进行比较了。SWOT分析法，也叫态势分析，是将与研究对象密切相关的各种外部的机会、威胁和主要内部优势、劣势等，通过调查列举出来，然后按照矩阵形式排列，再用系统分析的思想，把各种因素相互匹配起来进行分析，最终得出一系列相应结论。

使用SWOT分析法得出的结论可以为决策提供非常有价值的参考，可以根据结果制订相应的计划、对策以及发展战略等。在分析竞争对手情况方面，SWOT分析法是最常用的方法之一。

具体来说，我们可以从以下四个方面来进行敌我双方的对比分析：

（1）优势

这里所说的"优势"，是指企业内部存在的优势，可以就竞争对手与自身的竞争态势、企业形象、技术力量、规模大小、产品质量、市场份额、成本优势、营销攻势、客服分布、销售渠道、供应商、采购渠道、物流成本、经营效益、市场影响力、产品生命周期、价格、声誉、行业经验、主要客户、付款方式、投资情况、执行力、服务水平等情况进行分析，找对竞争对手的优缺点，同时对自身的优缺点进行详细分析，最后把结果对比列在一起，鲜明的对比可以让我们与竞争对手的差异一目了然。

（2）劣势

这里所说的"劣势"，指的也是企业内部存在的劣势，我们可以就竞争对手与自身的管理混乱与否、设备老化情况、关键技术水平高低、研发开发情况、资金是否短缺、产品积压情况、竞争力强弱、经营情况等进行分析，找出竞争对手的优缺点，同时对自身的优缺点进行详细分析，最后把结果对比列在一起。在分析自身与竞争对手的劣势时，要积极听取销售部、营销部和消费者的建议，只有这样才能找出市场营销中急需完善的地方。

（3）机会

机会，在这里就是指市场机会。不管是什么行业，市场机会都是瞬息万变的，不同的企业由于在行业中的位置不同，所面临的市场机会也有所差异，能否准确抓住市场机会，对企业的发展是至关重要的。我们可以根据敌我双方的优劣势对比，挖掘双方潜在的市场机会，分析自身和竞争对手对市场机会的把握程度，从而为制订发展计划、营销规划提供可靠参考。需要注意的是，必须要密切关注政府政策、行业动态、市场动向，和消费者保持紧密联系，以确保对市场机会的敏感性。

（4）威胁

这里所说的"威胁"，指的是企业的外部因素，具体包括：行业政策是否变化、经济是否有衰退趋势、是否出现了新的竞争对手、替代产品情况、客户偏好是否改变、突发事件、市场是否有紧缩趋势等，这些外部存在威胁因素，对企业发展的影响是非常巨大的，对自身和竞争对手的外部威胁进行对比分析，可以帮助我们更好地制定对抗外部环境风险的对策，从而降低企业的经营风险。

总的来说，对竞争对手和自身进行对比分析，要以数据为依据，坚持客观、中肯、实事求是的原则，切不可想当然、依靠主观去判断，只有这样才能为企业决策提供可靠的依据。

营销的原点：如何培养一个人的营销思维

5. 跨界：看不见的竞争对手

互联网在改变了人们生活方式的同时，也让企业与企业之间的竞争出现了新格局。打败柯达的，不是另一个胶片公司，而是智能手机；和超市抢生意的，不仅有传统超市，还有加入战局的"美团买菜""多多买菜""盒马生鲜"等社区电商；抢占出行市场的，不是另一家出租车公司，而是滴滴打车……

跨界竞争在互联网时代，已经成为一种非常普遍的现象。对于企业来说，我们不仅要注意那些身边熟悉的竞争者，更要看到自身和所处行业的现状，随时做好与那些跨界而来的对手进行激烈竞争的准备。

除了行业内看得见的竞争对手，那些隐藏在其他行业看不见的竞争对手更具有威胁性。互联网给跨界者提供了极大便利，不少带着互联网新思维的跨界者，用创新思维颠覆了行业、颠覆了行业的传统商业逻辑。当京东仅把图书品类作为引流窗口，可以低利率甚至不图利润地进行销售时，当当这种专业图书电商则面临着利润越来越薄的发展窘境。众所周知，京东是以电器起家的电商，但今天的京东早已经成长为综合性电商，其图书品类的市场规模已跻身前列，这就是一个跨界竞争的经典案例。

上海第一代网红餐饮店"赵小姐不等位"，2013年在长乐路开业，生意最火爆时陆续在龙之梦购物中心、日月光中心等商圈开出多家分店。不用等位的"赵小姐"指的是上海知名主持人赵若虹，当年该餐厅被宣传为

"悬疑小说家那多献给妻子赵小姐的结婚周年礼"。创始人跨界开餐厅的名人效应以及擅长讲故事的品牌营销方式,让它很快成为当年最知名的网红餐厅之一。这就是跨界带来的新思路、新营销、新策略。

快速建立一家公司,服务于巨大的市场,通常是全球市场,成为规模上的领跑者,这是门科学,也是门艺术。在互联网时代,全球的运输、商业、支付和信息流都汇集到一起形成了一个快速反应的巨大网络,在这样的环境中,企业必须更快地移动,因为全球任何一个地方的竞争对手都可能会击败你,甚至击败你的可能是令人完全想不到的跨界者。打败方便面的,并不是其他方便面品牌,而是新兴的外卖;跨界"打劫",已经成为互联网商业领域中的常态。

在看不见的竞争对手面前,企业只有打闪电战才会有未来。"闪电战",实际上最初源自军事领域,属于一种军事手段。"闪电战",顾名思义,最核心的特点就是"快",闪电战被应用于军事实践之前,军队不会推进超出他们的供应线,所谓"兵马未动,粮草先行",供应线的情况很大程度上影响着军队的推进速度和范围,为了稳妥起见,军队留在供应线内最安全,但这会明显制约军队的行进速度。

闪电战理论的核心在于:如果只携带必需品,就可以快速移动,从而依靠速度超出敌人预期,出其不意攻其不备从而赢得胜利。闪电战的优势十分突出,与此同时,风险也更大,要么大赢要么大输,一旦行动,就要置生死于度外,勇往直前,绝不退缩。

互联网和数字化带来了去中间化、去中心化、去实体化,随之而来的便是新的商业模式和足以颠覆传统行业的强大力量,每一个跨界竞争者都会以我们难以预料的方式和在意料之外的时机出现,这让商业竞争变得更加诡秘难测，对于一个企业来说，在这样的大环境下，能否快速成长为一个有影响力的成功企业，一个很关键的因素在于企业营销是否够快，是否愿意承受比正常营销企业更大的风险。

网络可以快速催生出一系列好品牌，成就一批企业，但同时存在风险，前期营销并不能给产品带来持久的生命力，真正能够长久存活的还是那些有内涵、有品质的产品。换句话说，营销的前提是商品，这一核心逻辑并没有被改变。建立在商品品质基础之上的营销才是有价值、有持续力的，才能源源不断地创造出更多的销售收益。

6. 合作：让竞争对手变成队友

社会心理学认为，约定俗成的认知往往会影响人的心理活动，并对其行为造成直接或间接的影响。在传统道德观念中，背后说人坏话是小人行径，是恶意中伤他人的邪恶做法，是要被人"鄙视"和"瞧不起"的。这种认知就属于"约定俗成"，即便我们根本无从得知这种认知源自哪里，其内容又为什么如此，但依旧会在不知不觉中受此影响。

如果你想成为一个"光明磊落"的君子，就不要背后说人坏话；如果想让你的商品成为一个"受人欢迎"的商品，就不要背后诋毁其他产品或品牌。在现实营销工作中，永远不要贬低你的竞争对手，贬低竞争对手表面看确实能凸显自身产品的优势，但这是建立在"违背"客户道德观念之上的，是无法得到客户真心认同的，既然不能让客户信服，那又有什么用呢？

永远不要攻击你的竞争对手，因为那只会拉低你在客户心目中的形象分。这是一个竞争激烈的时代，这也是一个"竞合"时代，与其和竞争对手斗得你死我活，不如双方合作，从竞争对手的鱼塘开始，通过借力对手的鱼塘实现营销效益更大化。

营销的基石是"教育"客户，一个新产品从诞生到消费者广泛认可，是需要一个漫长过程的，在这个过程中，需要整个行业的营销者不断在教育客户上下功夫，只有提高了新产品的广泛市场认可度，每个身处该行业的企业才有利可图。

就像《乔布斯传》说的那样："汽车没发明出来之前，人们只想要一辆更快的马车。"消费者的新需求是不断被创造出来的，在汽车发明之前，人们想要"更快的马车"，实际上这并不是其本质需求，他们的最真实最本质的需求是"更快的"，而"马车"只是实现"更快的"一种解决方案。解决消费者需求的方案并不是唯一的，我们既可以在"马车"这个解决方案上做改良，也可以创造一种全新的、满足更快需求的解决方案——汽车。

在今天这个物质丰富的年代，人们的基本生产、生活需求早已得到了满足，在这样的大背景下，"创造出新需求"就成了商业红海突围的关键，在创造新需求方面，竞争对手不仅不会给我们制造障碍，反而是我们的队友。也就是说，数字营销时代要学会和竞争对手合作，一起培育消费者、制造新需求。

合作的目的是从别人的鱼塘为自己引流，借力别人的鱼塘实现自身产品的营销。在竞争对手商品评论中留下自己的营销广告词或购买渠道等，在电商领域早已经不是什么新鲜事。直播大V们相互关注、相互引流、相

营销的原点：如何培养一个人的营销思维

互抬轿子，更是司空见惯，与其单打独斗、一点点辛苦打江山，不如和已经有一定影响力的对手强强联合，一起扩大市场影响力，这就是"竞合"的巨大优势。

那么，具体来说，我们怎样让竞争对手变成队友呢？

（1）肯定竞争对手，与竞争对手一起培育市场

在营销过程中，千万不要攻击竞争对手，面对无数受众，我们无法得知对方是否正在使用竞争对手的产品，也无法得知对方的亲朋好友圈子里是否有竞争对手商品的使用者，一旦我们攻击竞争对手，就会立即让这部分受众产生反感，放弃对品牌或商品的信任。肯定竞争对手的产品和营销方式，甚至可以站在对方营销方式的基础上，进一步制订自身的营销计划，从而与竞争对手形成营销合力，共同培育市场、扩大市场需求。

（2）在竞争对手已经开拓成熟的市场上进行营销

站在巨人的肩膀上自然可以站得更高，不管是开发新产品还是做营销，我们都可以巧妙地借力于别人的鱼塘。我们可以在竞争对手已经开拓成熟的市场上进行营销，以红酒为例，在20世纪，中国广大消费者对红酒缺乏认知，甚至相当一部分消费者根本没听说过红酒，更不要说喝过红酒了。如今，经过一些西方红酒品牌和国产红酒品牌的长时间耕耘，红酒正在成为中国酒市场上不可或缺的品种。可以说，红酒已经是一个开拓出来的趋于成熟的市场，在这个基础之上再推出红酒新品牌、新产品，自然可以更顺畅，营销也可以更高效。

【营销锦囊】

互联网和数字化带来了去中间化、去中心化、去实体化，与此而来的便是新的商业模式和足以颠覆传统行业的强大力量，每一个跨界竞争者都

会以我们难以预料的方式和在意料之外的时机出现，这让商业竞争变得更加诡秘难测，对于一个企业来说，在这样的大环境下，能否快速成长为一个有影响力的成功企业，一个很关键的因素在于企业营销是否够快，是否愿意承受比正常营销企业更大的风险。

"知己知彼，百战不殆。"在商场如战场的今天，市场竞争越来越白热化，不了解所处行业的市场情况，不认识自己的竞争对手，就意味着在与竞争对手的营销较量中胜算很低，甚至没有胜算。做好竞争对手营销策略的调研、分析是非常重要的。

第三章 产品是一切营销的基础

1. 做解决客户痛点的产品

在时下的营销领域中,有一个营销概念叫作"痛点营销",相信大家对这个概念并不陌生,不过能得心应手运用到实际工作当中的人却并不多。人有趋利避害的心理本能,在形形色色的社会活动中,人们总是有意识地追求快乐、逃避痛苦。"痛点营销"正是借助人的这种心理本能所形成的营销策略。

所谓"痛点",就是令客户产生烦躁、厌恶情绪的点,如玩打地鼠游戏时鼠标突然失灵;不小心用指甲划到玻璃发出"吱"的尖锐响声……心理学研究发现:当人们面对不愉快的事情时,往往会产生想尽快结束"不愉快"的想法,为了尽快脱离糟糕情绪,他们往往愿意做出比平时更多的妥协和退让,"痛点营销"之所以有效,正是因为它建立在这一心理学原理的基础之上。

产品是一切营销的基础,没有产品,营销无从谈起,产品与消费者的需求错位，即便是营销高手，也难以通过营销手段来弥补产品造成的不足。营销从本质上来说，是一个"锦上添花"的手段，优质地满足消费者需求的产品是做好营销工作的基础和必备条件。

在现实商业领域中，根据既定产品确定营销方案，早已经过时了，今天营销正在反作用于产品的设计与开发。"痛点营销"就是一个非常典型的例子，从消费者痛点设计研发产品，然后再使用"痛点营销"策略，强强联合，自然可以产生非常巨大的市场影响力。

无论做什么产品，解决用户的痛点都是第一原则。那么，具体来说，怎样以"痛点"思维来设计、研发新产品呢？

（1）寻找消费者痛点

痛点，顾名思义，就是让消费者感到痛苦的点，是消费者在使用产品或享受服务时产生抱怨、不满、痛苦情绪的点或因素。在数字营销时代，痛点的内涵被拓宽，那些被大多数人反复表述的有待解决的问题或希望实现的愿望，也可以被视为痛点。总的来说，痛点隐藏在消费者的原始需求中，我们寻找消费者痛点，要从他们的需求入手。

我们可以通过建立消费者大数据库的方法来挖掘其内在需求。首先，对消费者进行分类，分类的标准是多种多样的，既可以按消费者年龄、性别分类，也可以按消费者的收入和社会地位分类，还可以依据产品特质进行分类等。选择分类方法时，要充分考虑到企业或产品的实际情况，以便提高分类的合理性、科学性。其次，建立不同维度的消费者画像，根据消费者分类系统性地完成用户画像工作，明确消费者群体，找出消费者群体特征等。最后，采用市场调研、消费者参与产品设计、样品试用等多种多样的方式，深度了解消费者的内在需求，找出其需求痛点。

（2）有针对性的产品研发

消费者群体是一个需求多样化、复杂化、差异化的群体，在供大于求、市场竞争越来越激烈的今天，走"大众化"产品研发的路子变得越来越困难，对市场进行细分，对消费群体进行细分，下沉到更加小众的市场，是当前不少企业的明智做法。在产品研发上要坚持"小而美"的原则，针对不同的消费群体，有针对性地做需求调查，有针对性地做产品研发，根据消费者不同的痛点，设计推出具有针对性的系列化产品，才能更好地打动消费者的内心。

做解决客户痛点的产品，其本质上是产品差异化。每一个客户群体，都有不同的痛点，没有针对性的产品研发，只能让新用户感到乏味，老用户感到迷茫。唯有在产品研发与营销上做差异化处理，找到不同消费者的特殊个性需求，才能提升消费者的忠诚度。

需要注意的是，并不是所有的产品或企业都适用于"痛点营销"。一般来说，生活必需品、常用品等更适合"痛点营销"，奢侈品则不适合。此外，消费者的经济实力也会影响其对"痛点"的耐受度，如果该客户根本没有买电暖气的钱，那么即使大冬天冷起来的感觉很不好受，他们也不会利索地掏腰包，因此这就要求我们营销人员要有基本的识别能力，要把握好"痛点"营销的条件与尺度。

2. 让客户参与产品设计

《100个梦想的赞助商》，是一部非常励志的微电影，曾在豆瓣、B站等多家网络平台上引发广大网友热议。有意思的是，这并不是某个影视公司或传媒公司的作品，而是由小米科技公司拍摄，于2013年"米粉节"献给广大小米粉丝的一部诚意之作。

故事的主人公，是一个名叫舒赫的洗车工，他只有一辆捷达车，却梦想着成为一名专业的赛车手。几百万元一辆的赛车，对于一个收入微薄的洗车工来说，无异于天方夜谭。但舒赫没有放弃自己的梦想，他在100个梦想赞助商的帮助下，成功成为一名赛车手，并最终赢得了比赛。

小米科技公司之所以会跨界拍摄这样一部微电影，其目的就是向所有关注和支持小米的米粉以及社会各界人士表达感恩之情。

营销是否起作用，效果能发展到一个怎样的程度，其中最关键、最核心的因素就是用户。从本质上来说，互联网时代的营销更像是一种共创的行为，每一个消费者都是营销的传播中枢，营销早已经不是企业自己的事情，无数网友、自媒体、消费者拥有评论、转发、随意发表任何看法的权利，无数信息传播点最终构成了一个庞大而复杂的传播网络。

在数字营销时代，要想充分发挥出营销的威力，就要充分调动起尽可能多的传播中枢，而客户无疑是数量最大、最具话语权的一个群体。让客户参与产品设计，可以极大地提升营销效率。

小米在创牌之初，精选了100个钢粉，愿意全心全意陪着小米一起玩，从100个钢粉到1000个，再到10000万、100000万……无数小米粉丝让这个成立于2010年的公司，短短不到3年，就家喻户晓，成为仅次于阿里、腾讯、百度的国内互联网公司。

小米的成功，归根结底是一种新营销模式的成功。与一般企业首先推出产品再营销的做法不同，小米最先推出的不是手机产品，而是手机实名社区米聊，此后又推出了 MIUI 社区，一直到 2011 年 8 月 16 日，小米公司才正式发布了产品——小米手机。也就是说，在产品发布之前，小米公司早就通过米聊、MIUI 社区聚集了数以百万的用户，并借助多种多样的互动进行了营销预热。

正如硅谷科技思想家、《连线》杂志创始主编凯文·凯利所说，"如果你有大约 1000 个铁杆粉丝，你就可以谋生"。事实证明，小米的"用户参与共建"策略非常成功，一个全新品牌的手机竟然通过电商预售的方式销售了 30 万台手机。整个互联网行业一片哗然，此后很多天，小米的合作伙伴都还在质疑这件事情的真假，不少手机厂商瞠目结舌，认为小米简直是在"闹着玩"。第一次线上预售的巨大成功后，小米一路高歌猛进，迅速跻身于全球手机厂商前列。

"参与感"一直是小米的核心营销理念，以 MIUI 社区为例，这是一个平台交流的社区，借助这一平台，小米 MIUI 研发人员与无数手机系统开发爱好者建立了联系，大量开发者的参与让小米手机的系统使用起来更顺手、更舒适。此外，小米手机的"百万壁纸"事件，也是一个非常典型的参与共建做法，当时有成千上万的专业摄影师参与进来，只要图片能入选小米手机的壁纸，就可以拿到高达百万的酬金。高昂的酬金，大大激发了大众的参与热情，也大大提升了小米的营销效率。

近年来，随着互联网和移动互联网以及网络社交的快速发展，用户在企业营销中发挥着越来越重要的作用。今天，每一个用户都可以在互联网上发表关于某一产品或品牌的看法和体验，通过互联网平台参与产品开发与更新、主导网络口碑传播都成为可能，换句话说，用户已成为企业营销的重要主体，"好评晒图送红包""邀请好友领优惠券""邀请 × 名好友砍一刀，商品免费拿"等营销新方法就是最好的证明。

用户参与产品营销的互动机制、参与机制、口碑机制等都是什么样的？今天的用户更愿意参与到什么样的营销活动当中？如何把参与营销共建的用户转化为忠诚的消费者……这些都是我们需要深入思考的问题。

3. 产品体验是最好的营销

在电商快速壮大的今天，消费者的购买动机和消费观念也在发生翻天覆地的变化。如今的消费者对于产品或服务所带来的功能化利益已经越来越不在意，重视在产品和服务中获得符合自己内心需要和情趣偏好的特定体验已经成为一种消费主流。体验也因此而成为影响消费者做出购买决策的重要依据。在这样的大背景下，产品体验是最好的营销。

尽管在绝大多数人眼中，"产品体验"是伴随着电子商务的发展而出现的新词，但实际上却并非如此，早在1970年，著名未来学家阿尔文·托夫勒就在《未来的冲击》一书中提到了体验业，并毫不忌讳地指出"体验业将成为继服务业之后经济活动的主导产业"，遗憾的是，这种观点在当时并没有引起人们的重视，因此也不为大众所熟知。

产品体验并不是网络购物的独家专利，传统购物过程中同样存在产品体验，如购买西瓜时，卖家会切一个小块让你尝一尝；购买衣服鞋帽时，卖家会提供试穿服务，以帮助你找到合适的尺码；购买护肤品或化妆品时，往往会有专门的试用装供我们试用参考……从产品体验的种类来看，似乎传统购物的体验更加多种多样，但透过越来越庞大的网络消费群体来看，线上消费体验对广大消费者的吸引力也越来越大，那么线上消费体验的吸引力究竟是从哪儿来的呢？

总的来说，消费体验主要是由产品、服务、价格三大因素决定的。假冒伪劣产品，哪怕服务和价格再有诱惑力，营销手段再高超，都是不可能让消费者产生好的产品体验的。要想让消费者有好的产品体验，并成为我们的义务推销员，那么我们首先必须保证产品的质量，做好品控工作，只有这样才能为好的产品体验打下坚实的基础。

服务也是影响产品体验的重要因素，以滴滴为例，只要打开支付宝就可以找到滴滴打车，不必专门注册就可以直接点击正常使用，不用专门下载安装滴滴App，不必专门输入账号密码登录，程序简单，操作便捷，自动获取你所在位置，只要输入目的地点击【马上叫车】，系统就会自动搜索附近的快车、专车、出租车等，可视化的操作，精准的车辆信息，这些高品质的服务，大大提升了滴滴的产品体验，可以更大限度上提高消费者满意度。"七天无理由退换货""免费试用"等都属于通过提高服务来增加产品体验的营销方式。

价格是影响产品体验的最为敏感的因素，淘宝、京东等让利上亿元搞活动其本质就是通过价格战，让消费者有更好的消费体验，从而最终达成销售的目的。

价格战虽然简单粗暴，但确实是提升线上消费体验的有效途径。美团买菜、每日优鲜、盒马生鲜等频频推出各种各样的优惠活动，优惠券、特价秒杀、买就送等营销方式，本质上就是"价格争夺战"，这些商业行为似乎根本就是赔本赚吆喝，没有太大的经济意义，但实际上却是一场"投入产出比"非常高的营销，很多从没有用过这些买菜App的消费者，冲着低价成为其新用户,哪怕是不熟悉线上购物的老人,也知道了这些可以网上买菜的渠道,以价格为切入点提升产品体验,其营销效果是非常惊人的,也是最为直接的。

上海财经大学金融学院教授赵晓菊公开表示,"砸钱是互联网行业的通行做法,现在电商们不怕砸钱,就怕砸得晚,抢不到用户"。在市场经济时代,产品之间的差异越来越小,要想提升产品体验,只能从服务与价格上做文章。越来越同质化的竞争促使消费者更注重消费过程中的"产品体验",这就要求我们广大营销人员必须要重视"产品体验",一针见血地从消费者重视的体验角度去切入,从"体验"的角度去制订营销计划和营销方案,只有这样才能更大限度地打动消费者,改善企业的营销效果。

4. 定制化产品,营销更容易

对于今天的消费者来说,购买一件商品的动机变得越来越复杂、多元化。以女性购买一支口红为例,购买动机往往并不是"缺口红""没有口红用""口红用完了",而常常是"闺蜜某某最近入手的豆沙色口红,颜色实在是太棒了,听她说用起来也相当不错,我也想下单一支同款""现在这个斩男色好火啊,红得又饱满又性感,涂上这支口红瞬间变身女王,必须买买买""某某剧里的女主角真是仙女本仙,那场订婚宴的戏里,她涂的是什么口红呀,整个人看起来特别有精神,明星同款买起来"。

事实上,这只是整个消费市场的一个现象缩影。商品的极大丰富,催生了"买方"市场的到来,购物不再是一个单纯满足使用功能的行为,而

是升级为一种更高层次的"精神需求"。这种消费需求上的变化，在某种程度上，也在重塑着整个营销领域，从营销内容到营销方式，从营销渠道到营销理念，一切都在跟着消费者的需求变化而不断改变。

今天的年轻一代消费者，他们追求个性，强调自我，有非常强烈的自我认同感，体现在购买行为上，主要表现为更愿意为了"精神体验"而买单。比如，同样材质的T恤，新时代的青年们宁愿花高价买限量版、游戏或漫画联名款等，也不会图便宜买图案没什么特点的T恤。

个体意识的崛起，让广大消费者的需求更加分化，不同群体的用户，需求点也变得不同，对于高精神需求、体验需求的消费者来说，仅仅提供一个商品或结构，注定是没有任何吸引力的，一个美好体验的商业设计才是核心的商业逻辑。

互联网的繁荣，让各行各业都完全"暴露"在阳光之下，一件商品需要哪些原料，原料在哪里采购，价格几何，生产过程是怎样的，生产机器是什么型号，从哪儿聘请精通机器操作与维修的技术人员，商品的成本价大概是多少……在强大的互联网中，各个环节都可以说是无限接近于"透明"，在竞争越来越激烈的情况下，不少企业会通过降价让利来实现扩大市场份额的目的，在企业与企业之间的"价格大战"后，今天，很多商品的售价只有非常微薄的利润，甚至完全没有利润或亏本赚吆喝。

在如此残酷的市场环境下，如何通过营销手段实现利润的增长，如何在越来越惨烈的"价格战"中借助营销的力量脱身，如何避免杀敌一千自损八百的营销策略，成了摆在营销人员面前的一大难题。而定制化设计、定制化生产，无疑是让企业通过营销实现逆袭的绝佳方法。

没有特点的商品，必然会让营销力不足，要想在激烈的竞争中成功突围,就要迎合粉丝们进行商品设计,为其提供定制化的商品,从而提升营销效率,增加营销的转化率。

需求的不断个性化,逐渐催生了向供应链定制的商业模式。以婴儿奶粉为例,在今天的宝妈们看来,宝宝的健康高于一切,为了宝宝的健康,宝妈们舍得花大价钱选择高端高品质的奶粉,于是不少宝妈纷纷选择购买海外的高端奶粉。从人肉背奶粉回国,到找出国的亲朋好友人肉代购,到找专门的海外代购人员购买,再到天猫、京东一键下单直邮到家,宝妈们对海外高端奶粉的需求已经催生出了一条完整的供应链,京东、天猫等都开通了国际频道,还出现了专门经营海外代购的电商,如网易考拉等。

通过增加服务,提供更优质的消费体验,来增加商品的溢价已经成为一种普遍做法。服务可以形成一种关系,服务也需要定义一种关系,可以有效地增加用户的复购和交叉销售,如婴儿纸尿裤的产品营销,还可以附带一些诸如婴幼儿玩具、婴幼儿辅食、早教课程等营销信息的入口或链接。

服务过程既是建立关系的过程,也是双方进行互动的过程。让消费者在观看营销信息的过程中成为一分子,参与的过程带来欢乐,这是服务过程产生好结果的方式,也是提升营销效率的好方法。过程带感,过程走心,营销的过程变成快乐交付的过程,这回到了人类对于生活追求的本源。营销本该如此。

 营销的原点：如何培养一个人的营销思维

5. 个性化产品更触动客户内心

喜茶、猫爪杯、脏脏包、爆浆蛋糕……这些商品的爆红，单纯从商品的稀缺和使用价值上来看，是很难解释得通为什么有那么多人宁愿花高价跑很远的路排几个小时的队也要买的市场现象的。更让人难以理解的是，这些现象怎么就成为席卷全网的热点，成为病毒式营销的一场盛宴。实际上，这是文化主导影响下的行为，绝大多数年轻人希望自己潮流、小资、讲究生活品质，那么这些对身份的认同，要靠什么来体现呢？很显然，这些网红商品为年轻人提供了绝好的自我身份认同道具，无道具不标签，缺少了体现自己潮流、小资、讲究生活品质的道具，该如何更清晰地定义自己呢？所以排队高价买网红商品，高调在朋友圈发网红产品照片，积极自愿成为营销业务工作队伍的一员，也就不足为奇了。

互联网行业，从广义上来说，属于垂直服务行业，尤其是在用户分流越来越专业化、市场竞争越来越激烈的今天，追求大而全显然不是一个好主意，找准自己擅长的领域，只做自己熟悉的事，只专注于服务某个特定领域的用户，只做能够真正触动客户内心的个性化产品才是明智之举。

从产品设计、研发的角度来讲，企业要尽可能开发个性十足的产品，"旅行青蛙"的火爆就是因为它是竞技游戏当中的一股清流，B站的成功就是因为它为当代青年人提供了一个释放个性的舞台，无个性不青春，无

个性难营销。需要注意的是，企业在进行个性化产品的开发时，一定要下大功夫摸准年轻人的口味、偏好，只有这样才能投其所好，诞生出广受欢迎的个性化产品。

对于广大营销人员来说，完全可以借助大众的这种身份认同、文化认同，来实现高效率推广和营销的目标，具体来说，可以从以下三个方面着手。

（1）勾画真实场景

要想取得好的宣传营销效果，提高成交率，就要善于为用户勾画出更加真实的消费场景，以展示女装为例，在展示服装的同时描绘出诸如"这件衣服超级适合出门约会""宽松、慵懒，度假当然要换个风格、换种心情，这件衣服是为度假而生的"等场景，这种为用户提供真实场景的商品营销远远要比商品宣传图文、功能介绍视频等有吸引力得多，也更容易让消费者产生购买行为。

（2）尽可能增加代入感

可以运用多种手段，为消费者描绘出美好的愿望，从而增加他们的情景代入感，增强代入感的最常用手段有当红明星、最热电影、最新潮形象、最有争议的话题、当前热点事件、高知名度的景点等，只要受众对营销内容中的话题感兴趣或有比较密切的联系，那么哪怕隔着万水千山，他们也会迅速被带入营销所构建的消费情景中，从而产生"万事俱备，只欠下单"的购买冲动。

（3）让营销内容更新颖、更趣味

互联网上的信息如大海中的海水一样多，但消费者在网上花费的时间却是有限的，如何让消费者在有限的上网时间中看到你的营销内容，这是

 营销的原点：如何培养一个人的营销思维

当前摆在营销人员面前的一个重要问题，也是最为艰难的一个问题。同样的商品不少，乏味的信息很多，但有趣、新颖的营销内容却不多，只要营销内容够新奇、有趣、吸引人，就能够迅速让大众记住产品、接受产品、认可产品。

【营销锦囊】

产品是一切营销的基础，没有产品，营销无从谈起，产品与消费者的需求错位，即便是营销高手，也难以通过营销手段来弥补产品造成的不足。营销从本质上来说，是一个"锦上添花"的手段，优质地满足消费者需求的产品是做好营销工作的基础和必备条件。

网络可以快速催生出一系列好品牌，成就一批企业，但同时存在风险，前期营销并不能给产品带来持久的生命力，真正能够长久存活的还是那些有内涵、有品质的产品。换句话说，营销的前提是商品，这一核心逻辑并没有被改变。建立在商品品质基础之上的营销才是有价值、有持续力的，才能源源不断地创造出更多的销售收益。

第四章 打造独一无二的营销点

1. 怎样挖掘产品卖点

客户之所以会购买某产品，必然该产品有打动他的"点"，这个"点"在心理学领域被称为"行动触发点"，在销售领域则是大众所熟知的"卖点"，而在营销领域就是独一无二的"营销点"。

产品卖点，顾名思义，就是能吸引消费者眼球的独特利益点，也是营销诉求点和独特的卖点。20世纪50年代初，美国人罗瑟·里夫斯提出USP理论，他认为营销是独特的销售主张，一个营销广告中必须包含一个向消费者提出的销售主张，这个主张要具备三大核心要素：一是利益承诺，即说明产品的特殊功效、特殊功能或能给消费者带来什么实际利益，如"怕上火，喝王老吉"，预防上火的好处就是利益承诺；二是独特，即竞争对手没有提出的，如"防静电"就是金纺提出的与众不同之处；三是强而有力，通俗来说，就是营销内容必须聚焦在一个点上，能够集中打动、感动和吸引消费者，如德芙巧克力的营销就是聚焦到了"爱""丝滑"

的点上，从而给大众留下了深刻的印象。

一个合格的营销内容方案，必须要具备这三个核心要素，无论缺少了哪一个都会让营销效果大打折扣。

一个产品或一项服务销售成绩的好坏与其营销宣传中的"卖点"有直接关系，"卖点"与客户的"行为触发点"越接近越容易打动客户；反之如果营销人员提炼出的"卖点"丝毫不能对客户产生触动，那么多半营销情况和销售结果也不会乐观。

正因如此，提炼"卖点"被视为营销工作中的重中之重，尤其是在当今竞争环境如此激烈，同类产品以及替代品如此众多的市场环境下，独一无二的"卖点"显得更加重要。找产品的卖点很容易：便宜、实用、好用、牌子硬、用料好……可要想找到产品的独特卖点，且能够快速打动客户的"卖点"就没那么容易了。

那么，身为专业营销人员，我们应该怎样挖掘出产品的独特卖点和营销点呢？

（1）围绕产品层面提炼核心卖点

我们可以从产品的核心概念出发，借助产品本身或由产品延伸开来的优势或差异来提炼产品的核心卖点。具体来说，可以从三个方向来挖掘产品的核心卖点：一是从产品本身的优势中挖掘独特卖点，如九芝堂提出的"治肾亏，不含糖"就是从产品层面，围绕产品本身优势而提炼出的卖点；二是从产品机理角度提炼卖点，这种方法在保健品和化妆品中最为常用，可以明显区别于竞争对手的销售主张，如"中盐盐藻"通过对盐藻机理研究，发现特殊环境生长下的盐藻具有三大天然活性，能从根本上修复免疫细胞，"增强免疫力"的卖点得以树立；三是围绕产品的 USP 提炼卖点，从产品以前未受注意或未曾说过的特性着手，如乐百氏纯净水的"27层沉淀"就是利用这种方法提炼出来的营销点。

（2）从品牌层面提炼核心卖点

这种提炼核心卖点和营销点的基点不再是针对产品本身，而是上升到品牌的高度，通过对品牌精髓和核心价值的挖掘，提炼出整个品牌的特性和营销点。从品牌层面来看，核心营销点的元素可以是情感、意象、情绪、感受等。以农夫果园为例，作为饮料品牌，没有用"营养""健康""美味"等作为营销点，而是把营销点放在了"喝前摇一摇"上，一方面这个营销点暗示了"有多种水果在里面"的产品特点；另一方面表现了消费者喝农夫果园时轻松、诙谐、快乐的情绪，更容易引起广大消费者的情感共鸣，营销效果也就事半功倍了。

（3）从社会观念里寻找核心卖点

每个人都是社会中的一个细胞，都会受到社会观念的影响，从社会观念中寻找核心卖点和营销点，可以更大程度上引起大众的情感共鸣、感受共鸣，从而产生更好的营销效果。"敢黑带感，探寻真正自我"，百事可乐无糖可乐的这一营销语，就是从社会观念中寻找核心卖点的一个典型例子。用这种方法提炼出来的卖点和营销点，表面上看起来好像与产品没有很大关系，却无声地表现了人的某种诉求或感受，是最不易引起受众反感的营销方法。

最后，提炼产品的卖点一定要坚持"独特"原则，即不要将普通商品都有的功能或特点当作卖点，此外，提炼出的卖点也不宜过多，有一两点即可，卖点过多会分散受众的注意力反倒不利于提高营销效率。特别值得注意的是，不同消费者对产品不同卖点的敏感度也不尽相同，有些消费者钟情于"高科技",有些消费者则看重"是不是环保",及时收集消费者对"卖点"的反馈并据此快速转变营销策略,也是考验一个营销人员专业能力的重要因素。

2. 独特的卖点更有价值

互联网和社交媒体的繁荣发展,几乎重构了现代人的社交方式,今天,不同阶层、不同身份、不同生活经历的人,纷纷在诸如微信、微博、Facebook、Twitter等社交平台上分享自己的生活或感受,与他人建立或深或浅的交互关系,信息的快速传播让人们能够更容易找到和自己趣味相投的人。

"物以类聚,人以群分"在互联网上的效应变得更加突出,在这一过程中,大众对品牌的意识在慢慢淡化,而观点、态度和生活理念逐渐成为人们更关注的东西。在这种大背景下,独特的卖点更有价值,从生活方式切入的有态度的营销方式才更有效率。

尽管很多人并没有特别关注自己的生活方式,但不管你是怎样生活的,都会有相对固定的生活原则和处事方式,本质上说,这就是一种生活方式,生活方式是每个人都不可避免的一个东西。生活方式可以与生活形态画上等号,"一个人(或团体)生活的方式,包括了社会关系模式、消费模式、娱乐模式和穿着模式,通常也反映了一个人的态度、价值观或世界观"。

对于企业来说,"生活方式营销"正在成为一种主流的营销方式。所谓"生活方式营销"，即以消费者追求的生活方式为诉求，通过把品牌或商品演化为某种生活方式甚至是身份、地位辨识标注，来实现吸引消费者、建立稳定消费群体目的的新型营销方式。

化妆品行业中的"美丽是一种生活状态"，医美行业中的"美才是第一生产力"，减肥行业中的"减去的不是肥胖，是寂寞；增加的不是信心，是现金"，购物行业中的"剁手也要买买买"等，实际上都属于生活方式营销。

综观整个消费时代的发展，从商品的稀缺到极大丰富，消费者们一直在追求"更好"，但大众对"更好"的定义，早已经不再局限于商品的品质更高，而是已经逐渐升级到"有没有属于我的风格""有没有更适合我的""有没有更好的精神体验"。这种消费观念上的变化，彻底改变了数字时代的营销。企业与企业之间的营销之战，呈现出"赢家通吃，输家一无所有"的局面，其营销中倡导的生活方式被认可，那么所有商品都会被消费；反之，则会被消费者遗忘。

生活方式营销的精髓在于，让商品不再是一个冷冰冰的事物，而是成为某种生活方式的一部分，赋予商品更多的文化与精神内涵，以满足人们对品质生活的追求。聪明的营销者都在创造一种潮的生活方式，然后将这些生活方式完整投射到自己的用户网络中，这是一种认知爆破的方式。企业应该通过营销手段与消费者进行生活方式层面的交流与沟通，而不仅仅是商品层面，只有与消费者共同深入开发生活方式并达成共识，让自己看起来不再只是单一的品类，而是趋向于生活方式的传播者，才能成功激发生活方式营销的巨大潜力。

当前，我们正处于用生活方式营销来凸显独特卖点的风口期，也是新企业成长的最佳机遇期。生活方式营销是数字时代营销的核心,只有紧紧围绕这一核心,抓住新渠道、新媒体、新传播的红利才能爆发出更大的商业价值。

3. 好口碑:绝佳的营销点

俗话说,"金杯银杯,不如消费者的口碑;金奖银奖,不如消费者的夸奖"。尤其是在互联网时代,信息的传播呈现出快速、即时的特点,且打破了地域、空间和时间上的限制,短短一条差评,其传播范围并非几个人、几十个人,甚至可覆盖全国所有城市,而且不仅影响当下的商品交易,还会对未来的商品交易产生不可预估的持续性负面影响。在互联网时代,口碑的作用和效果被无限放大,与此同时,好口碑成为绝佳的营销点。

互联网改变的不仅仅是大众的购物方式,还改变了信息的传播方式。在传统商业中,商品信息的传播是单向的,如企业在电视上投放商品广告,这种单向的宣传模式,受众广,效果难以精准评估,比较粗放;在互联网电商领域,商品信息的传播呈现出鲜明的互动性,如现在的各类购物直播,主播与消费者随时可以线上互动交流,传播目标更清晰,受众更精准,宣传营销效果也会更好。

从"传播"到"播传"的转变,是单向传播模式的结束,互动传播模式的开始。今天的互联网信息传播不是一对多的模式主导的时代,而是多对多模式主导的时代。口碑是商业的核心,也是数字营销中的关键词汇。

在植物医生品牌创始人解勇看来，好口碑不是来自"请明星，打广告"，而是来自人。20世纪90年代，联合利华等众多日化巨头抢滩中国市场，大宝等国货品牌也声名渐起，当时塑造好口碑的做法简单而粗暴，高薪聘请明星代言，巨资投放大量广告，"广告一响，黄金万两"真实描述了"明星+广告"的强大生命力。此后，这种"明星+广告"的宣传营销方式一直延续到今天。

在美容护肤领域，聘请明星代言，在各种各样的媒体上投放大量广告，一直是大家通用的营销手段。然而互联网的迅速发展，催生了一个信息爆炸的新时代，当传统电视、杂志的影响力越来越萎缩，当网络上海量的信息扑面而来，"明星+广告"策略的宣传效果也在不断打折再打折。

如何吸引大众的"眼球"，如何重塑新的营销优势，成了摆在无数企业面前的一道难题。植物医生品牌创始人解勇以"人"为本，以口碑为核心，开拓了一条新的营销之路。

为了紧紧抓住95后、00后等新生代消费者，植物医生一方面选择赵又廷、谭松韵作为品牌代言人，另一方面在尝试着与热播剧合作。不过，在解勇看来，品牌用艺人、娱乐来链接消费者的做法还远远不够，这样的沟通层次太浅了，只能和消费者们"混个脸熟"，没有深度的情感连接，仅仅依靠这样的方式来塑造口碑，消费者的黏性和忠诚度都难以达到理想状态。

植物医生的单品牌店模式就是解勇沉下心来研究消费者、研究零售业的一种新尝试，如今植物医生这一国货品牌已经走出国门在日本落地生根。

今天的消费者，消费能力很强，但与此同时他们的需求也非常多元化，追求个性的特点十分突出，个人有想法、有主见，更不容易"从众"。在消费者群体中，女性始终占据着主导地位，有相关调查结果显示：女性粉丝的黏性以及她对自己喜欢的东西的投入性和付出，要比男性粉丝高很多。换句话说，女人的口碑直接决定着企业的整体口碑，能不能与女性进行持续沟通，是否具备讨好女性的能力，是一个企业能否做好数字时代营销的关键之处。

优质产品和服务体验，一直都是口碑塑造的方向，互联网时代也不例外。但在互联网时代，想玩转口碑营销，还是要突破传统思维，通过用户深度参与产品制造的体验和设计的体验、媒体矩阵化整合传播等多种多样的方式，借助粉丝活动、品牌活动、体验活动、免费试用等办法，真正让好口碑扩散出去。

此外，一些重大突发事件、公关事件等也是进行口碑营销的好时机，如张瑞敏的"砸冰箱"事件就把原本的负面质量事故变成了海尔追求品质的广告和名片。俗话说，"好事不出门，坏事传千里"，对于口碑方面的负面信息，在互联网时代，千万不可采用隐瞒、删除、打压等办法，堵不如疏，及时澄清事实，认真承认错误，争取变事故为好口碑宣传契机才是明智之举。

4. 人格体 IP 的巨大营销力

如何在互联网的信息海洋中冲出"海平面"，让更多消费者看见自己，从而购买自己的商品，是每一个营销从业者都必须面对的问题。互联网大大丰富了企业的营销方法和营销手段，但与此同时也给营销界带来了颠覆性的变化，提出了"超乎想象"的更高要求。

如果说互联网是浩瀚的海洋，消费者的目标购买商品是鱼，那么今天的消费者愿意为"抓鱼"付出的精力和时间越来越少了，需求越来越碎片化，甚至越来越粉尘化。对于绝大多数消费者来说，他们并不愿意在一家企业或某个商品上浪费太多时间，越丰富就会越枯竭。今天的营销已经不仅仅是向大众传递信息这么简单，而是升级为一场争夺大众时间的商业大战，谁能够占有客户更多的时间，谁就更接近成功。

为了获得客户更多的投入时间，各行各业的营销人员"大显神通"：有投入天价广告费进行营销的；有冠名热门综艺节目、热播剧营销的；有通过视频展示、直播、网红带货等多种多样的场景来营销的；有采用赠送优惠券、抽奖、免费试用等方式进行营销的；有聘请明星、名人进行深度代言营销的；还有深入细分市场通过举办各类活动、会议进行营销的……诚然，这些营销方法确实是有效的，可面对越来越白热化的激烈竞争，营销只做到这些还远远不够。

在快速迭代成长的互联网消费时代，营销逻辑的核心正在悄然发生着改变，以"产品"为中心的营销越来越"吃不开"，情感营销、价值观营销、生活方式营销异军突起，在影响消费者购买决策中发挥着越来越重要的作用。

对于消费者来说，要想短时间内在信息的汪洋大海中对某一款产品建立信任变得越来越艰难，这导致其消费行为出现"去功能化""样本化"的趋势，从众效应下，无数消费者成为被大数据裹挟中的一员，哪个销量高就买哪个，哪个评论多就买哪个，已经成为不少人网络购物的行为习惯。常规的营销手段正在变得越来越苍白、越来越无力。在这种情况下，打造人格体IP，通过激发人格体IP的巨大营销力来占据营销制高点成为一种必然选择。

所谓人格化IP，简单来说就是赋予品牌或产品一些"拟人"的功能和元素，把真人IP和品牌、产品联系起来，从而形成一个基于"人格化"的营销闭环。

人格化IP营销的最大特点是，借助"人"的形象与用户建立情感关联，使用"拟人"化的语气语态与大众沟通。

以知名计生用品品牌杜蕾斯为例："我叫小杜杜，拥有上百万的粉丝，每天我都活跃在微博、微信、人人等社交网络媒体上，有时大家与我分享自己的秘密……"社交媒体上的杜蕾斯俨然已经是一个活生生的"人"，还是一个"内涵段子"高手，给好友美的电饭煲写信："亲爱的，美的，感谢你。感谢你让生米煮成熟饭。你的老朋友，杜蕾斯。"给好友李维斯牛仔裤写信："亲爱的，李维斯，感谢你。自从第一条牛仔裤起，就为我预留了位置。你的老朋友，杜蕾斯。"……如此诙谐有趣的小杜杜，远远要比单纯的产品营销更有温度，也更容易被大众记住，更容易获得大众的关注和喜爱，这就是人格化IP的一个典型营销例子。

在互联网上，消费者呈现无限分散的状态，怎样在这个分散的商业世界里，大声喊出自己的声音，把营销信息传递给目标人群，并在营销信息传播的过程中减少信息折损率，提高营销转化率是每个营销人员都要面对的难题。

建立一个"高识别度"的人格化形象，对于提升营销效率的作用是非常显而易见的。商品功能会类同，但人格化IP却可以"与众不同"，独一无二的人格化 IP 形象可以让大众快速认识你、记住你，更愿意购买你的商品。

那么，怎样才能成功打造一个极具营销价值的人格化 IP 呢？

首先，一定要做好人格化 IP 的形象定位。自然人、产品、品牌等都可以作为打造人格化 IP 的对象。以房产销售人员为例，除了发布房源等直接营销信息外，还可通过短视频、朋友圈、网络发帖等多种方式记录工作、生活、感想、认识等，给自己打造一个"专业""靠谱""负责"人设，如此一来更容易拉近与消费者之间的关系，提升营销效率。人格化 IP 的形象定位需要我们深入了解市场情况，对消费者更喜欢哪类特质有清晰认识，只有这样才能找准"人设"，做到"人见人爱"。

其次，必须要大量积累粉丝和用户，据相关数据显示：只有粉丝数达到了 10 万以上，才具有一定的营销价值。如果粉丝和用户数量过少，那么即便是打造了人格化 IP，也是得不偿失的，毕竟打造一个成功的人格化 IP，必然会花费大量的时间、精力，甚至是金钱等，如果营销产出不能覆盖投入，那么人格化 IP 的打造工作必然会"烂尾"，又何谈营销价值呢？

总的来说，人格化 IP 是融合了用户个人情感和性格烙印而建立起来的一种营销标签，一旦建立了人格化 IP 就不要随意更改其定位，否则必然会引发用户的信任危机，从而让营销功亏一篑。

5. 让客户无法拒绝的价格

"嫌贵"是消费者们的一种普遍心态，不少营销人员一想到嫌商品贵的客户群体就头疼,认为这部分客户群体是低价值群体,不值得进行深入营销和开发。实际上,这种想法是非常肤浅的。即便是热衷于购买奢侈品的高收入人群,他们在选购奢侈品时也会通过促销活动、领取优惠券、海外代购等方式尽可能低价购买。

爱贪小便宜是许多人的共性,因此,企业要尽可能制定让客户无法拒绝的价格,通过价格策略来助推营销,大大提升营销效率。

在购买行为当中,客户对于商品价格的感受也是有心理学依据可循的,如绝大多数商品的定价非常热衷于诸如"19""19.8""19.9"这样的价位,尽管"19"只比20元少一块钱,但给客户的心理感受却是完全不同的,报价19元人们会习惯性地觉得只要10元多点,但20元的话则完全上了一个阶梯,自然会觉得贵。

对于营销人员来说,我们没有定价权,只能按照公司的定价来宣传商品,在这样的前提条件下,怎样化解客户嫌贵的问题呢?

(1)价格分解

一个高明的营销人员往往是个算术高手,精巧地运用价格分解术往往能够更轻易打动客户。所谓"价格分解"就是将商品的总金额按照使用频率、使用次数等进行细分,如一件售价50元的衣服,顾客至少能穿个十几次,一次3天的话,平均到每天只有1元甚至不足1元,每天1块钱就能买件漂亮衣服,如此一算自然显得"便宜"。在实际营销中,我们不妨采用这种"由大化小""由整化零"的价格分析法来激发客户的购买欲望。

(2)活动策划

为了达到促进销售的目的,企业通常会在双十一、双十二等重要节点开展有针对性的大规模营销活动,以尽可能吸引更多的消费者。营销人员可以借助活动策划的方式,来让客户感受到价格的诱惑。今天电商的营销活动和方式"玩法"非常多,交定金享专属优惠、多渠道领取优惠券、转发活动信息赢礼品、参与营销话题抽奖、集福字领红包、购物满多少减多少、新客专项优惠价等。尽管这些五花八门的优惠活动非常复杂,但确确实实可以起到非常好的营销效果。如今,双十一、双十二、6·18 已经成为全民购物热潮的顶点,很多"剁手党"即便是不必要购买的商品,也会冲着有诱惑力的价格赶紧下手囤货,不买简直是错过了一个亿的心态,就是活动营销效果的最佳阐释。

(3) 制造稀缺

大众对商品价格的认知普遍符合市场经济理论,市场中供应越充足的商品,价格越便宜,越稀缺的商品,则价格越昂贵。对此,营销人员可以通过人为制造稀缺感,来改变客户对商品价格的感受和看法。"限量款""××联名款""小众设计""原料稀缺""纯手工制作""限量销售"等都是制造稀缺感的好方法。众所周知的"小罐茶"就是一个依靠"大师造"来制造稀缺感的典型营销案例。营销人员可以根据商品的属性,提炼其稀缺元素,从而让客户感到物有所值,来激发其购买欲。

(4) 营造品位

这是一个物质十分丰富的时代,这也是一个普罗大众消费升级的时代,从只看重产品的实用性到追求品位,当然会产生理所当然的溢价,并且今天的绝大多数消费者愿意为了品位而支付更多成本。因此,我们营销人员可以通过营造氛围、凸显品位、拔高商品气质的方法来改变客户对价格的敏感性,让其愿意为品位付费。

没有卖不出去的价格，只有不会营销的企业。营销的核心价值有两个：一是让商品的信息让更多人接收到、注意到、记到脑海里；二是尽可能最大限度地唤起消费者的购买欲，改变潜在消费者的购买行为，而让价格看起来更有诱惑力就是其中最为关键的一部分。

【营销锦囊】

正如营销大师菲利浦·科特勒所说："星巴克卖的不是咖啡，而是一种休闲方式；法拉利卖的不是跑车，而是一种近乎疯狂的驾驶快感和高贵；劳力士卖的不是手表，而是一种奢侈的感觉和自信；希尔顿卖的不是酒店，而是舒适和安心；麦肯锡卖的不是数据，而是权威和专业。"

今天，很多优秀的企业，已经说不清楚自己是在卖什么东西，如盒马生鲜，不管是菜市场、海鲜超市还是餐饮店，似乎都不能精准描述它卖的是什么；小米是一家互联网公司，还是手机公司，同样也变得非常难以界定，但实际上，这些企业的营销指向是非常清晰的，它们瞄准的是用户群体以及用户群体的生活方式特征。

第五章　搞懂互联网营销的"套路"

1. 互联网营销是为获取流量

"流量"这个词,是用户数据可以量化的时代凸显出来的一个词。我们可以将其简单地理解为商业街头的人流。一个实体商店,生意好不好,主要取决于有多少顾客走进这家店铺,而走进这家店铺的人数又与商店位置以及商店门前经过的人流有关。所谓大河有水,小河不干。经过的人流多,必然进入商店的人数也会随之增多。其实电商也是一样的道理,生意的好坏取决于进店点击浏览商品的人数,而进店的人数又与店门口经过的人流(流量)有关,因此流量成为互联网商业时代的关键。争取尽可能多的流量,成了各大企业的竞争修罗场,也成为互联网营销的成败判断标准。

互联网营销的目的是获取流量,在互联网商业发展初期,获取流量非常容易,营销成本也很低,毕竟有海量的待开发人群,但到了今天,移动互联网终端的数量和网民数量已经趋于饱和,流量见顶进入存量时代,已

经成为社会共识。

在互联网和移动互联网流量见顶的时代,营销正在变得越来越困难。传统的搜索引擎排名、电视台广告等传统营销方式好像失灵了,有好产品,可却难以获取客户,网上开了店,也发了不少优惠券,可店铺浏览量却惨不忍睹,微信群、QQ群批量广告宣传,又常常遭遇被踢出群、被屏蔽的困境,在这样的情况下,企业在营销上如何实现成功突围已经成为躲不开、绕不过的一个难点问题。

在泛流量时代,网络营销推广是一件非常简单的事情,限制少、方式单一,只靠着自动化宣传推广脚本工具,就能达到非常不错的效果。近些年来,随着移动互联网的快速发展,网络营销推广也在发生质的改变,首先是营销面对的客户端发生了改变,从过去的PC端转移到了今天的手机端;其次是流量渠道在发生改变,从过去的单一搜索引擎流量模式发展到了今天自媒体、App等争相分流的多流量渠道模式;最后是推广营销方式也在变,从针对大众的"广撒网"式营销到今天的社群营销。

泛流量的时代正在成为过去,精准流量才是未来的发展趋势。互联网的"去中心化"特征正在给营销领域带来新的改变。

一是传统权威的影响力被大大削弱,"去中心化"在一定程度上有反权威的味道,媒体霸主电视影响力的式微就是一个非常典型的例子,在这样的大背景下,必须布局新的、多元化的营销渠道,否则只能是死路一条。

二是"去中心化"让社会变得更多元,专业数字媒体聚集的是专业人士,非专业媒体聚集的是非专业人士,尽管有时候"去中心化"产生的内容常常是伪知识,但诸如"某某这么吃会致癌"养生伪知识却在中老年人群中大行其道，这是社会多元化的一种表现，对此，我们营销人员千万不要把精力花费在与大众辨别是非上，而是需要接受现实，并在现实基础上制定营销策略、筛选营销内容。

三是"去中心化"导致并形成了多中心化的人群聚集，"去中心化"本身就是人们在不同的场景中重新聚集的过程，在社会中，精英永远是少数，大众在之前是围绕精英转的，但是互联网就解构了这一切，让精英的归精英，大众的归大众。大众分享大众的价值和生活，精英分享精英的价值和生活。正是这种群分，让商业营销更加精准。人群在网络上的多中心化聚集，可以有效提高营销的精准度，什么群体需要什么商品，适合销售什么产品等都是可以进行量化分析的，有助于提高企业营销的效率。

注意力经济时代已经过去，社群时代已经到来。对于今天的互联网营销来说，单纯追求粉丝数量的营销原则早已经发生了质的改变，追求精准流量，下沉到社群进行更加精准的营销才是发展趋势。

未来是属于精准流量的时代，正如柴娅所说，"大部分创业企业的数据量是非常小的，但这种非常小的数据如果深度挖掘，同样可以产生巨大的能量"。深度挖掘的数据比泛泛的大数据更重要，这是每一个互联网企业和营销从业人员都需要重点铭记的商业法则。

2. 搜索引擎付费推广

尽管今天的互联网上，直播平台、社群等已经成为流量的主要汇聚地，但搜索引擎依然是流量的重要入口之一，作为营销人员，我们还是要重视搜索引擎在营销中的作用，充分运用搜索引擎付费推广，有针对性地做好数字营销工作。

经过十几年的野蛮发展，搜索引擎不再是新的营销方法和手段，这种通过购买关键词排名来增加点击量的营销手段，似乎已经被一些新潮的、走在互联网前端的营销人员视为"应该丢进历史垃圾堆"的方法，但实际上搜索引擎在营销领域依然可以发挥出自身的价值。

搜索引擎付费推广这种营销方式，有其自身的优点：一是见效快，只要设置好关键词，充值后就可以很快进入排名前几位，而且排名位置可以根据实际情况自己控制，非常灵活；二是关键词数量是没有限制的，使用搜索引擎付费推广，我们可以设置多个关键词，关键词的数量可以随心所欲地确定，增加关键词的方法可以大大提升点击率，改善营销效果；三是关键词没有难易程度之分，即便是非常热门的关键词，只要我们下定决心去做，就都可以进入非常靠前的排名，甚至是直接做到排名第一。

诚然，搜索引擎付费推广有自己的优点，但其缺点也不容忽视。营销人员必须对搜索引擎付费推广的不足之处做到心中有数。那么，搜索引擎付费推广的不足之处都有哪些呢？

一是成本较高。尤其是一些热门的、竞争激烈的关键词，单价可以达到成百上千元，一个月就要花费几万元甚至几十万元，对于长期营销来说，花费不菲。

二是管理复杂。和投放广告等营销方式相比，搜索引擎付费推广的管理上会更加复杂，既要保证排名位置，又要有效控制成本，营销人员需要每天都花费一定的时间、精力查看关键词的价格，并及时设置合适的价格进行竞价。管理水平的高低直接关系着搜索引擎付费推广的投入产出比，对营销人员的专业素质要求很高。

三是人力投入更大。不管是什么类型的企业，基本上只要使用搜索引擎付费推广的营销方法，就需要设置专人进行关键词筛选，挑选合适的关键词，进行价格评估，检查营销效果、转化率等，这意味着企业在投入营销成本的同时，还要负担更大的人力成本。

四是推广费用大。每一个搜索引擎都是独立的，目前互联网上的搜索引擎有多家，如百度、谷歌、搜狗、IE、QQ 浏览器等，如果我们只在百度做搜索引擎付费推广，那么其他的搜索引擎是看不到我们的营销推广信息的，倘若每一家搜索引擎都进行竞价排名，那么就要重复花费好几倍的推广费用。

五是营销效果不持久。搜索引擎付费推广是动态化的，只要充值不及时、不充值或竞争对手的价格更高，那么本来靠前的排名就会迅速往下掉，掉到很难被人查看到。不管我们曾经的排名多么靠前，营销效果都无法产生持久性的影响。也就是说，搜索引擎付费推广这种营销方法见效快，但同时难以保持效果。

六是存在一定比例的恶意点击。简单来说，即通过搜索引擎付费推广获得的点击量，有不少比例是无效的，是被竞争对手、广告公司等恶意或无意地消费掉了，这部分无效点击量不会带来客户和市场，但却会花费营销成本，且无法预防。

这就要求我们营销人员，在做搜索引擎付费推广前，一定要充分考虑性价比，且结合企业的市场情况，进行客户群、区域、定位等深入分析，灵活分配、随时调整推广方案，只有这样才能提高投入产出比，让搜索引擎付费推广变得更有效率。

需要注意的是，一般来说，网民在使用搜索引擎查找自己所需要的信息时，一般只会看排在前 10 或前 20 的信息，这些排在前边的信息占据了 90% 以上的访问量，这就意味着我们在做搜索引擎推广时，必须让我们的推广信息排到前几位，否则就难以有什么明显效果。此外，在信息内容上也可以多做一些创意设计，可以更好地吸引广大网民点击。

3. 打造网站高质量外链

如果说企业网站或店铺是一座城市，那么外链就是一条一条的道路，每条道路的起点都不相同，但终点都是企业网站或店铺。外链，也叫导入连接，是从互联网上别的网站导入自己网站的链接。

营销人员在互联网上的营销目的就是获取流量，而打造网站高质量外链就是获取流量的一种重要方法。高质量外链的作用是显而易见的：一方面，可以吸引"蜘蛛爬虫"来我们的网站抓取信息，能让新站快速产生搜索快照，参与排名和营销内容展现，简单来说，外链就是"蜘蛛爬虫"的引路石，能吸引搜索引擎，用外链吸引"蜘蛛爬虫"是引流的重要一环；另一方面，高质量外链可以提升关键词的排名，一条高质量外链所带来的权重传递是非常可观的，能够大大扩大营销内容的传播范围，提升传播效率。

外链的形式并不是固定单一的，而是多元化的。那么，外链的常见形式都有哪些呢？一是纯文本 URL 外链，也就是不能点进去的链接，就像我们用记事本编辑一些资料的时候，呈现出来的纯文字内容就是纯文本的 URL，如我们在百度知道中看到的答案就属于纯文本 URL 外链的一种。二是锚文本外链，也叫超文本链接，它可以给一些链接加上关键词，搜索引擎会将链接和关键词联系起来，这种外链非常有利于提升网站的权重，还能让关键词快速产生排名。三是新媒体外链，这是一种随着新媒体快速发展出现的一种新型外链，软文、直播中都可以插入网站的链接，这种外链的针对性很强，可以更大限度地吸引目标群体点击，且新媒体外链以内容为主、营销为辅的原则，使其内容可以更具价值，降低受众的方案程度，增加受众的黏性。

外链平台的好坏直接关系到外链的引流效果，因此我们一定要重视外链平台的筛选工作。一般来说，寻找高质量外链平台要遵循三大原则：一是收录快，只有被收录的外链才能被搜索引擎搜索到；二是有一定的相关性，倘若外链平台的用户群体与我们的目标受众没有任何相关性，不是同一个群体，那么即便能带来流量，也都属于无效流量；三是外链的作用主要是引流，所以要寻找那些高相关性、共同群体特征的平台作为外链平台的首选。

打造高质量外链的常见方法有以下四种：

（1）问答类

百度知道、搜狗问答、知乎问答……互联网上的各大平台都有相关的问答板块，我们可以在流量大、受众群体与我们的目标群体相关度高的平台上，通过问答类板块，自己设置问题，自己回答，留下相关营销内容或链接等。需要注意的是，不同平台对问答板块管理各有差异，规则也不相同，在使用问答设置外链前，要熟悉规则，以免被视为作弊，费力不讨好，反而被封号。

（2）百科类

百度百科、360百科、维基百科、互动百科……目前，互联网上的百科类平台不少，且是广大网友使用较多、点击量很高的平台，我们可以通过这些百科类平台来设置企业的外链。需要注意的是，百科类平台通常有一定的审核期和审核规则，只有对规则熟悉才能顺利通过审核，被各大搜索引擎收录。

（3）视频类

当前，我们正在被各种各样的屏包围：手机屏、平板屏、电脑屏、电视屏、车载屏……在一个处处屏幕的时代，视频早已经成为一种主流的传播方式。在流量火爆的视频下评论留下链接、与直播网红合作视频中直接宣传等，都是非常不错的打造高质量外链的方式，此外，营销人员还可以自己制造趣味视频，把链接和营销内容融入视频当中，通过推广视频的方式来引流。

（4）软文类

小红书、宝宝树、知乎……五花八门的社群，聚集着大量的具有同样特质的网民，在这些平台上发布高质量的软文，是打造高质量外链的非常好的方法，且软文本身具有很好的自我传播性，一篇好的软文会被众多网友转载，从而形成病毒式传播，如此一来，一个高质量的外链可以分化为无数个外链，实现更大限度、更大范围的引流。

总的来说，打造高质量外链的方法是多种多样的，营销人员可以根据企业的实际情况、产品本身的属性等综合考量，选择最适合自身的打造外链的方法。

4. 社交平台就是营销平台

随着互联网行业的不断发展,电子商务与社交逐渐融合,出现了社交电商的发展新趋势。所谓"社交电商",即借助微博、微信、抖音等网络社交平台对商品内容进行传播分享,从而引导用户产生购买行为的商业模式。与搜索引擎竞价排名、弹窗广告等相比,社交电商具有非常突出的优势。

互联网流量见顶以及各类电商获客成本的增加,逼迫着广大电商必须去寻找新的低成本流量,开拓新的营销渠道,社交电商就是一个主流发展趋势。当微商、直播带货、社区团购等成为互联网商业领域的新物种,社交平台也成了新的营销阵地,可以毫不夸张地说,今天每一个互联网社交平台都是营销平台,从 QQ 群到微信,从论坛到贴吧,从知乎到今日头条,几乎每一个人们用于社交的平台,都已经被嗅觉敏锐的电商人占领,社交平台成为营销平台也就不足为奇了。

对于我们营销人员来说,将社交平台作为营销平台的优势是非常巨大的。

(1)商业潜力巨大

大量真实人群聚集的社交网络上,无疑是一个流量丰富的蓄水池,加之社交网站中的用户与用户之间都有好友、粉丝、关注、点赞、收藏等人脉关系,对于营销人员来说,社交网络拥有着巨大的商业潜力。社交平台上的人群不仅是潜在的顾客，他们还会通过分享购物体验、发布购物过程扮演业务"导购员""推销员"的角色，他们会在不知不觉中回答其他网友在哪儿买、哪个品牌好等问题，从而对尚无消费需求的人产生影响，促使其产生购买行为。

（2）用户群更精准

不管是现实生活中的社交，还是互联网上的社交，都是"物以类聚，人以群分"，在特定的群组中，聚集的都是拥有一定共性的人，这种互联网社交的分组，就为营销人员提供了精准的用户群，我们只需找到与自己商品匹配的社交群落，就可以充分了解这一用户群的爱好、习惯、兴趣、消费诉求等，从而有针对性地制订出更精确的营销计划。由于用户群更精准，所以在社交平台上的营销转化率要比其他营销方式更高，可以达到6%—10%。

（3）互动性强，用户黏性更大

社交电商具有社交属性，营销人员可以构筑起与消费者的多元化关系，除了买卖双方的关系外，还能与消费者形成社交中的朋友或熟人关系，从而大大提升双方的信任感，增强营销效率。此外，还可以运用口碑传播、社交用户交流等，提高用户忠诚度和复购率。社交互动性和更好的用户黏性使以社交平台为基础的营销效果更好、更持久。

（4）营销成本更低

如今的互联网商业早已经过了跑马圈地的时代。大量用户和流量聚集在电商巨头手中，对于中小企业来说，要想获得这些公域流量就必须为此支付高昂的成本，如"烧直通车""买竞价排名""购买主页展示位"等，社交电商开辟了一个新的流量入口，由于有了精准用户，便可以采取更精准的营销策略，商家的营销成本低，消费者购物的时间成本也低。

近几年，电商领域突然冲出的黑马拼多多，这种典型的拼团型平台，大家一起拼一起买更实惠，这种商业模式充分运用了人们的占便宜心理，借助社交的"砍一刀""分享领券"等方式进行传播，可以引起用户裂变效应，大大提高营销效率。缺点是，如果没有了"实惠"，那么社交传播也就很难玩得转了。我们营销人员可以通过深入研究拼多多、今日头条等的营销玩法，结合企业的实际情况，来紧跟移动互联网营销趋势，不断推陈出新，不断创新，在社交平台上玩出趣味、玩出水平、玩出人气，如此一来，营销还有何难？

另外，社交平台是人们追八卦、谈热点的地方，营销人员要善于利用社会热点事件、娱乐八卦等来聚集人气和引流，这是一种非常有效的快速引流方式。

5. 从引流到转化再到留存

这是一个属于电商的时代，但并不是所有电商都可以赚得盆满钵满。当前，电商领域中的两极分化越来越明显，一方面，京东、淘宝、拼多多风光无限，每一个购物节都赚得天文数字的巨大财富；另一方面，很多中小电商正在遭受越来越严峻的引流难、转化难、留存难、复购难的问题。

从引流到转化再到留存，营销人员在整个过程中扮演着重要角色。营销人员水平的高低，直接关系着企业引流情况，直接关系着流量的转化，也从侧面影响着已经有过消费记录的消费者能否成为多次复购的老用户。

在数字营销时代，引流、转化、留存是所有营销人员都必须掌握的三大技能。

（1）引流

要想做好引流工作，营销人员要重点解决"引流难"的路径问题，通俗来说即是多开辟一些可以捞鱼的鱼塘，鱼塘多了，自然可以捞到的鱼也会随之增多。在小红书、大鱼号、百家号、今日头条、时尚达人直播、时尚论坛等平台同步发宣传软文，就属于鱼塘多销策略。一方面，我们要尽可能地多撒网，在尽可能多的网络平台发布宣传软文；另一方面，我们在选择软文发布平台时要选择那些与产品消费者相关度更高的平台。

构建自己的私域流量池也是引流的好办法。如果说公域流量是一条"收费公路"，那么私域流量就相当于修了一条通往自家门口的道路，我们不用付费，就可以任意时间、任意频次，直接触达用户，如自媒体、用户群、微信号等，也就是关键意见消费者可辐射到的圈层。私域流量可以把用户沉淀下来，从而促进其重复消费，成为我们的熟客、常客、义务宣传员。

以2018年双十一线上大促突围而出的"彩妆黑马"完美日记为例，除了小红书运营和微博粉丝营销外，完美日记专门在广州开了两家线下体验店，每天人流量达到2000人次，每位柜姐都引导到店的顾客添加微信号——小完子。实际上，小完子的本质是完美日记打造的素人博主KOC，真人形象，精心运营朋友圈，经常推出促销、节日抽奖、直播等社群活动。也许原来完美日记在线上投放只能获得用户当场的一次冲动下单。建立私域流量以后，完美日记通过朋友圈、社群可以反复触达顾客，用直播、大促、抽奖等各种方式形成转化或复购。

（2）转化

并不是每一个看到营销信息、点击进来的人，都会购买商品成为消费者，从点击量到成交的转化是一个无比艰难的坎。营销人员要解决"转化难"的路径问题，可以通过红包返现刷好评、人文关怀的方式来提高转化率。

好评＋关注就可以领红包，是电商领域中最常见的营销方式，具体做法很简单，随商品一块儿送印有二维码的红包宣传单，消费者拿到商品时扫二维码关注店铺或账号并好评就可以领到红包，这种营销方法的妙处在于我们可以将消费者沉淀到自己的鱼塘里，方便后期进行客户管理和促销活动宣传，可以有效提高消费者的复购比例。

人文关怀的方式是多种多样的，如生日送祝福、节日送祝福、售后回访、送优惠券等，如今依靠技术对所有粉丝设置自动化送祝福、智能客服自动回访等早已经是一件非常简单容易的事情，这种方法不会花费多少营销成本，但可以拉近与受众的距离，提升受众黏性，大大提高留存及转化。

（3）留存

客户的留存涉及多方面因素，既受到产品质量层面的影响，也受到售后服务等方面的影响，营销只是其中一个因素。对于营销人员来说，要想做好老客户的留存工作，就要做好客户画像和标签分组工作，以高效沟通、个性化运营作为提高复购率的切入口。高效沟通，即要快速高效地响应客户需求，如此一来自然可以降低因响应不及时导致的客户流失；个性化运营，即对不同的客户施加个性化的精准营销动作，如通过模板消息按标签群发促销信息等，可以精准、有效地触达客户，有效提高客户的留存率。

从引流到转化再到留存，这是一个一环扣一环的营销过程，营销人员要有大局思维，能够站在宏观角度，利用专业技能，更好地帮助企业实现从营销到销售的转变。

【营销锦囊】

互联网营销的目的是获取流量，在互联网商业发展初期，获取流量非常容易，营销成本也很低，毕竟有海量的待开发人群，但到了今天，移动互联网终端的数量和网民数量已经趋于饱和，流量见顶进入存量时代，已经成为社会共识。

注意力经济时代已经过去，社群时代已经到来。对于今天的互联网营销来说，单纯追求粉丝数量的营销原则早已经发生了质的改变，追求精准流量，下沉到社群进行更加精准的营销才是发展趋势。未来是属于精准流量的时代，正如柴娅所说，"大部分创业企业的数据量是非常小的，但这种非常小的数据如果深度挖掘，同样可以产生巨大的能量"。深度挖掘的数据比泛泛的大数据更重要，这是每一个互联网企业和营销从业人员都需要重点铭记的商业法则。

第六章　手把手教你制订营销计划

1. 营销要有计划，还要有预算

凡事预则立，不预则废。营销也是如此，要想做好营销工作，企业必须制订营销计划。营销计划是在组织目标、技能、资源和它的各种变化市场机会之间建立与保持一种可行的适应性管理过程。一般来说，营销计划涉及企业的营销战略、营销策略，是帮助企业达成发展目标、战略目标的重要工具。

营销计划可以分为：长期，一般为5年以上，是确定企业未来营销方向和营销目标的纲领性计划；中期，一般为1—5年；短期，一般为1年以内，是企业年度营销的详细规划。在实际经营当中，企业的营销计划是多层次的，如既有总体营销计划，又有子品牌营销计划、主打产品营销计划，还会有针对双十一、双十二购物节的专项营销计划。不同的企业额，在制订营销计划时要面对的情况也是不同的，营销人员可以根据实际情况，制订适合自身的不同的营销计划。

不管是什么样的营销计划,都是由三个层面组成的:一是战略层面,即对企业在未来市场占有的地位以及采取的营销措施做的战略计划;二是策略层面,也就是说,要对营销活动某一方面做策划;三是作业计划,即对各项营销活动的详细、具体执行计划,简单来说就是一项营销活动的时间、地点、目的、活动方式、预期活动效果、费用预算等。

对于企业来说,制订营销计划的作用是多方面的。首先,营销计划中呈现的预期经济效益,可以为管理者预测企业的未来发展状况提供一定的参考,明确企业发展目标,避免经营盲目性、营销盲目性。其次,营销计划可以方便企业财务预估未来要承担的成本费用,可以更好地精打细算、节约开支,减轻未来企业经营中的现金流压力。再次,营销计划中明确了营销的任务和具体的行动方案,可以让参与营销的有关人员明确自己的职责,让他们有目标、有步骤地完成营销相关的工作。最后,制订营销计划能够有效检测营销活动的行动和效果,有利于企业更加有效地控制营销活动,发现营销中的不足,从而有针对性地改善营销效果。

尽管互联网时代,有不少免费的营销渠道,但对于企业来说,做营销就一定会涉及相关的费用支出,哪怕是免费的营销渠道,也需要做营销内容的撰写发布工作,无法做到彻底的零成本,更不用说铺天盖地的营销广告、聘请明星代言、开展各种营销活动了。因此,企业在制订营销计划时,一定要做好与之相对应的营销预算,没有预算的营销计划是空中楼阁,是注定难以落地的。

那么,对于营销人员来说,如何制订营销计划呢?

(1)拟定目标

企业营销计划的核心内容就是营销目标,我们要在市场分析的基础上对企业的营销目标做出决策，与此同时，建立与营销计划相匹配的财务目标。需要注意的是，目标要用数量化指标表达，注意目标的实际、合理，并应有一定的开拓性。

（2）营销策略

营销策略，简单来说，就是企业怎样进行市场定位，营销的目标市场是什么市场，采用何种市场形象，营销什么样的产品，选择什么样的营销渠道，采取什么样的促销策略等。拟定企业的营销策略时，要包括目标市场选择和市场定位、营销组合策略等因素。

（3）行动方案

行动方案的内容包括：要做什么？什么时候开始做？什么时候完成？具体谁做什么？营销成本是多少？每一个营销活动成本是多少？具体行动的要求是什么？营销活动时间安排等。在行动方案中，要把营销策略的所有实施都制订出详细的行动方案，可以用列表的方式加以说明，明确在一定时期所需要执行和完成的营销活动的详细安排，以便使整个营销计划可以落实与行动，并按部就班地贯彻执行。

需要注意的是，营销并不一定能取得预期效果，在制订营销计划、申请营销预算时，要对计划期内企业营销面临的机会和风险进行深入细致的分析，还要注意对企业现有营销资源进行系统梳理，以便给企业管理者提供更多的营销决策依据。

 营销的原点：如何培养一个人的营销思维

2. 把预算投入收益更高的营销渠道

与传统营销相比，数字时代，营销渠道变得越发多元化、分散化，这就对企业的营销预算分配提出了更高的要求。虽说鸡蛋不能放在一个篮子里，但考虑到投入产出比，自然要把更多的鸡蛋放在最安全、最有收益的篮子里。

总的来说，分配营销预算的原则是把预算投入收益更高的营销渠道。这就要求营销人员具有专业的分析能力。首先，我们需要对企业的所有营销渠道进行梳理、汇总；其次，列出各营销渠道的投入情况，可以按照月度、季度、年度、过去3年等不同时间段，列出我们所需要的投入数据；接着，我们可以借助大数据技术，列出各营销渠道的引流数据、流量转化率；最后，将各营销渠道的投入与引流数据、流量转化率进行分析对比，从而按照预算投入产生收益的情况，对所有营销渠道进行排序。

如此一来，每个营销渠道的投入产出都十分清晰了，就可以为营销预算的分配提供非常有价值的数据参考信息。

除了掌握营销渠道的投入产出计算方法外，我们还要对数字时代的常见营销渠道有比较深入的认识，不同的营销渠道有不同的受众、特点，在营销上的优缺点也不同，在分配营销预算时，我们还要充分考虑各个营销渠道的实际情况，才能做出最恰当、合理的安排。

那么，数字时代的常见营销渠道都有哪些呢？

（1）直播平台

直播是目前最火的营销方式之一，最典型的直播平台代表是抖音和快手，两者都属于娱乐型社交直播平台，都是非常火爆的流量汇聚地，也是当前不少电商会选择的营销平台。

抖音的整体发展策略是自上而下的，从一线城市向三、四、五线城市扩散发展。抖音发布的2019年数据显示：仅双十二当天，Top50的账号，成交额就超过1亿元。抖音直播这个后起之秀拥有非常强劲的增长动力，目前抖音仅次于淘宝直播的市场占有率，足以说明一切。

快手的整体发展思路与抖音恰恰相反，采取的是自下而上，从三、四、五线城市出发逐渐包围一线城市的策略。目前快手网红在直播间做生意已是司空见惯，衣服、彩妆、零食、餐具等，种类繁多，几乎是无所不卖。在2019年双十一当天，快手个人直播间就完成了1.5亿元的流水。

直播平台的热度很高，受众面也非常广，但当前直播平台早已经进入成熟期，任何一个有影响力的直播平台上都入驻了海量的直播间，要想在海量的直播中引流吸粉可不是一件容易的事，需要专业的运营人员或团队，否则难以有水花。

（2）热剧冠名

热门综艺节目商业冠名、热播电视剧广告植入、热血动漫植入广告等都属于冠名类营销，这种营销方式的好处在于商品或品牌可以大大提高曝光率，且与明星、演员、动漫人物等自带流量的人紧密联系在一起，可以起到非常好的引流、吸粉效果。这种营销方式的缺点在于，一般来说花费较大，且招商一般是在节目播出之前，在播出之前节目能否大爆存在较大的不确定性，如果选择这种营销渠道就要提前做好风险评估。

（3）微信小程序

微信也是数字营销的重要渠道之一，如今的微信可以说是一个小型的全方位的网络平台，个人公众号、企业公众号、微信小程序等多元化的营销方式可以为企业营销提供非常便利的服务。微信这种营销渠道成本较低、持续效果好，是中小型企业打造私域流量池的不错选择，只要营销思维和营销方案不错，就可以在微信上获得较好的宣传推广效果。

（4）电商平台

企业商品的线上销售平台也可以作为营销渠道，且是最常见的营销平台。我们可以在商品展示页面设计、促销活动展示等方面多花心思，将商品展示与营销活动合二为一。这种营销渠道可以获得较好的流量，从而增加交易的频率，且成本较低，但也有其缺点，由于各大线上销售平台对于商品的展示页面、信息等都有自己的要求，在条条框框的规则之下，难以发挥出营销的最大价值，营销方法也比较受限。

此外，企业还可以在自己的网站上搭配适合引流的营销内容来吸引更多潜在客户。与网红、明星、意见领袖等合作也是常见的营销渠道，随着移动互联网的不断发展，数字营销的渠道和方法也在不断出现各种各样的新玩法，营销人员要对时下的热门营销渠道保持敏感度，只有洞悉各种营销渠道的优劣和特点，才能把有限的营销预算投入收益更高的营销渠道，打造出高投入产出比的营销渠道矩阵，让多元化营销发挥出更大的商业价值。

3. 重大营销活动要放在首位

淘宝发布的《2020淘宝直播新经济报告》显示：2019年淘宝直播用户数量达到4亿元，全年成交总额突破2000亿元；其中，双十一当天直播成交总额突破200亿元。双十一当天的成交额占到全年总销售额的10%。2020年天猫双十一全球狂欢季成交额破4982亿元……

今天，双十一、双十二、6·18、女神节、春节等重要节点，早已经成为电商销售的黄金时期，这些重要购物节活动的销售额占到全年销售额超过50%的比例，也就是说，这些重要购物节活动的成败，直接关系着企业全年销售任务的达成与否。

以京东的汽车用品为例，在2020年6·18的第一天，LED灯的营业额同比增长184%，三套滤光片的营业额同比增长340%，隐形车衣的营业额同比增长47倍以上，涂层的营业额同比增长525%。京东汽车用品"网上购买，线下安装"是北京维修部的"一站式"消费服务，营业额同比增长450%。由此也不难看出重大活动的巨大市场威力。

对于营销人员来说，一定要做好重大营销活动，尤其是像双十一、双十二、6·18等热度非常高的全民购物狂欢节，必须要把这些购物节的重大营销活动放在首位，集中人力、时间、金钱把重大营销活动做好，这是提高营销效率的最根本保证。

那么，具体来说，我们应该怎么做呢？

（1）给全年的所有营销活动排序

企业的年度营销计划往往包括很多营销活动，不同时间段、不同地区、针对不同产品、不同力度的营销，全都摆在营销人员面前。俗话说，事有轻重缓急，营销活动也是如此，在营销计划的执行过程中，难免会遇到不同活动冲突或人力不足、资金不足等问题，这时候，我们就要分出主次。

营销计划制订后，我们要专门花时间给全年的所有营销活动进行排序，排序的标准不是按照时间，而是按照重要程度，双十一、双十二、6·18等热度非常高的全民购物狂欢节的营销活动是需要排在第一梯队的；新产品营销、××周年庆等活动可排在第二梯队；具体某个城市的地面营销则可以排在第三梯队。排好顺序后，在营销计划执行时，就要按照优先级和重要程度，优先保证重大营销活动。

（2）做好营销预算的差异化处理

一年的营销活动很多，一年的营销预算有数，这时就涉及如何分配营销预算的问题了。在分配营销预算时，千万不要犯平均主义的错误。俗话说，好钢要用在刀刃上，我们要给重大营销活动分配更多的营销预算，只有这样才能充分保证营销预算的投入产出实现最大化。营销预算的差异化分配，不能仅凭主观判断，可以根据上一年度不同营销活动的投入产出比来计算，即营销花费除以销售总额，投入产出比高的营销活动，营销效果好的需要再追加预算投入；投入产出比低，营销效果不明显的，可以适当降低营销活动预算。对于营销预算投入后没什么水花的营销活动，可以考虑只使用免费营销方法，以减少营销预算的浪费。

（3）做好重大营销活动的人员保证

不同的营销活动，参与其中的人数也大不相同，一场双十一的营销活动，远远要比一个店铺的线下营销复杂得多，参与的人数也要多上几倍甚至几十倍。所有的营销活动都需要人来完成，因此要想把重大营销活动办好，就一定要做好重大营销活动的人员保证。在重大营销活动准备以及开展期间，有必要的话可以采取公司全员参与、全员优先保证重大营销活动的方式来解决人员的问题。

（4）全公司为重大营销活动做好配套工作

重大营销活动往往意味着爆发式增长的销售量，只营销不做配套工作是行不通的。君不见今天的消费者因为双十一购买的商品迟迟不发货而申请退款，君不见突然爆单的电商眼看消费者蜂拥而至却因为没货可卖而着急上火……在重大营销活动开始前，企业的销售部门要做好迎接客流高峰的准备，仓储部门要做好主打商品的备货，生产部门要储备好生产材料以保证随时可以生产出大批商品供应市场，还要做好商品的快速准确配货、发货……在重大营销活动上，全公司都要以此为核心，提前积极做好方方面面的配套工作，保证营销活动的顺利完成。

4. 执行！让营销计划真正落地

营销计划的核心在于执行，再好的营销计划没有一流的执行，也必将前功尽弃。在企业的实际经营活动中，营销计划难以落地执行的情况比比皆是：计划抓老虎，结果蚊子都没灭几只；计划得非常周全，可没有人去执行，好好的营销计划成了一纸空文；有计划也有人执行，奈何预算不到位，没有资金支持，一切需要花钱的营销活动都无法执行……

只有被真正执行的营销计划，才是有价值的，在制订了营销计划之后，企业必须要做好执行，让营销计划真正落地，让营销的力量真正转化为推动企业销售的重要推动力。

那么，怎样才能做好企业的营销计划执行工作呢？

（1）营销策略要明确方向

"老鼠营销"是营销领域中非常常见的一种执行错误。导致执行出现问题的原因，不是营销计划执行上的障碍，而是由于企业管理层在营销策略上没有明确方向，在计划执行上头绪混乱。企业管理人员对公司业务范围和市场情况缺乏明确的认识，热衷于搞计划，计划太多，就像老鼠迅速繁殖一样，形成"老鼠营销"，朝令夕改＋计划太多，自然会导致执行力量分散，难成大事。因此，要想做好企业营销计划的执行工作，就必须要明确企业营销策略的方向。

（2）避免空头承诺营销

在企业的实际经营过程中，因空头承诺营销导致的执行力大打折扣十分常见。营销部门是一个花钱的部门，销售部门是赚钱的部门，在绝大多数企业中，销售部门拥有更大的话语权，一些企业内部，销售部门与营销部门存在矛盾或冲突，尽管营销部门制订了非常不错的营销计划，但销售部门或其他部门的阻力或配合不利等，都会导致营销计划变成空头承诺，以草草收尾结束。要想做好营销计划的执行工作，就要协调好企业内部各方利益，避免出现空头承诺营销。

（3）营销计划要接地气

一切脱离实际的营销计划，都是注定没办法落地的。在制订营销计划时，就要充分考虑到企业的实际情况、营销的实际情况等，制订出接地气、能落地、易执行的营销计划，避免高屋建瓴导致的难以落地。

（4）为执行提供多方面支持

营销计划的真正落地执行，需要企业内部多方面的支持：一是人力支持，计划的执行需要人来实现，那么我们就必须把计划执行的任务落实到每一个人的身上，确定每一项具体工作的责任人；二是制度支持，对于执行完成情况制定考核、奖惩措施，只有这样才能促使企业营销的相关责任人把执行工作做好、做到位；三是资金支持，营销预算要保证及时到位，倘若因为资金迟迟不到位，耽误了最佳营销时机，就得不偿失了；四是流程支持，尤其是一些大企业，内部流程复杂、审批一层又一层，要让营销计划从审批到执行的各项流程保持顺畅、快速，以免影响执行的效率。

（5）做好营销的过程控制

对营销计划的执行情况进行定期或不定期的检查和控制，可以对计划执行进行有效督促，从而提升营销计划的执行效率。具体做法是：我们可以先把计划规定的营销目标和预算，拆解为季度、月度或每周，然后按期审查营销各部门的业务实绩，检查是否完成实现了预期的营销目标。对于没有完成营销计划的部门或个人，召开大会分析问题，找出原因，提出改进方法，以提升营销计划的执行力，确保企业营销计划的目标任务都能落实。

市场是处于不断变化之中的，好的营销时机也是难以预测、计划的，这就要求营销人员在执行企业营销计划的过程中，不能墨守成规，而是要具备灵活应变的能力,能够根据实际情况,综合判断营销时机,调整营销方法,改善营销方案。

5. 巧用"反套路"营销

互联网上的营销套路多,这导致与众相同的营销方法,其效果越来越趋于平淡。在这样的大背景下,与众不同才是数字营销取胜的精髓。营销人员要学会巧用"反套路"营销,这是让受众快速记住我们、有效提升营销效果的不二法宝。

(1)自黑营销

2015年,小米在印度发布小米4i,作为学霸的雷军用一口蹩脚的英文撑起了整个发布会,B站网友Mr.Lemon为了吐槽和娱乐,把雷军演讲片段合成了一首神曲 *Are you OK?*,有意思的是,小米不仅没有阻拦,反而主动帮助宣传 *Are you OK?*,勇于自嘲的雷军迅速成为"网红"企业家,如今这首神曲在B站点击量突破1800万,留言超过10万条。

2019年百度AI开发者大会上,一位不明身份的人士突然冲上台并向正在发表主题演讲的李彦宏泼水。一整瓶矿泉水从头浇下,错愕的李彦宏向男子发问:"What's your problem?"但对方心理素质明显更好,仿佛无事发生般镇定地走下舞台。"宏颜获水"视频迅速蹿红网络,成为2019年度最为大家津津乐道的话题之一。

……

实际上，自黑营销早已经潜移默化地渗透到了我们每个人的身边。从汪小菲到王全安，再到袁巴元，经常因为婚恋问题上热搜的张雨绮，在参加《吐槽大会》时自嘲"我看男人的眼光，确实不行"，但张雨绮并没有因此而掉粉，反而立起了一个独立、敢做敢当的大女人形象，受到广大女性的欢迎。

正如奥美创意总监赵圆圆所说："90后的自黑是更高阶的，并不是简单的自嘲自我贬低，自黑对90后来说，除了有缓解现实压力的功效，还有一种小透明心态。他们渴望认同感，也渴望和别人不一样。"

运用自黑营销，更能体现出坦率和真诚，也更容易接近消费者的心，因此自然也就更能让他们心甘情愿掏出钱包。

需要注意的是，自黑营销一定要注意尺度，拿着自黑当个性，自黑起来无尺度，在道德与法律的边缘试探，很容易导致翻车。不管是商品营销还是品牌营销，都要注意尺度，一旦翻车可就得不偿失了，还会造成非常恶劣的社会影响，甚至被全网骂。

（2）饥饿营销

"本次××商品全网最低价只限某某份，先到先得，现在开始倒计时放购买链接，各位宝宝们请提前准备好哦，只有某某份，错过这次，要等明年哦，3，2，1……十秒钟，已售出某某件……现在只有某某件了，是时候拼手速了……全部商品已售空，没有了，没有了……"不管是秒杀活动，还是限时、限量抢购，实际上都属于饥饿营销。

饥饿营销的前提是产品，基础是强大品牌，关键是消费者心理因素，且必须具备有效的宣传造势作为保障。从小米手机到星巴克猫爪杯，再到优衣库 kaws 联名 T 恤，所有的饥饿营销的产品都是唯一的。不具备唯一性特征的商品不适合采用这种营销方法。

总的来说，制造商品稀缺感的方式主要有两种：一是"傍大款""蹭IP"，如与某明星合作推出限量款、联名款等商品，借助联名营销+饥饿营销+跨界营销的组合方式来营造商品的稀缺感；二是"找痛点""切中消费者需求"，饥饿营销必须有宣传造势作为保障，这也就意味着我们必须广泛吸引大众的关注，只有找到消费者的痛点，一针见血地切中其需求，才能赢得广泛观众。

需要注意的是，使用饥饿营销来提高流量转化率时，一定要谨慎。饥饿营销的效果很明显，但同样缺点也十分突出，倘若我们在不具备广大宣传、有大量观众基础、商品没有唯一性等的情况下，进行饥饿营销，那么，不仅不能达到我们的预期目的，还会因为限制购买数量、限制购买时间等抬高购买门槛、营造商品稀缺程度的行为，把一部分本会购买商品的消费者拦在门外，导致一定的损失，此外还会给消费者留下不太好的印象等。

饥饿营销简单来说就是吸引消费者、吊着消费者的一种手段，消费者反过来还会说这个营销方式好，但一招不慎则会被消费者厌弃，成败的关键在于对消费者心理的把控，在没摸清消费者心理的情况下，可千万不要轻易尝试！

【营销锦囊】

数字时代，营销渠道变得越发多元化、分散化，这就使得营销计划的制订、营销预算的分配变得越来越重要。

尽管互联网时代，有不少免费的营销渠道，但对于企业来说，做营销就一定会涉及相关的费用支出，哪怕是免费的营销渠道，也需要做营销内容的撰写发布工作，无法做到彻底的零成本。企业在制订营销计划时，一定要做好与之相对应的营销预算，没有预算的营销计划是空中楼阁，是注定难以落地的。在预算有限的情况下，要遵循两大原则：一是把预算投入收益更高的营销渠道；二是重要营销活动必须重点保证经费。

下篇
爆破,放大原点的营销辐射力

第七章 内容营销：抓取客户很容易

1. 内容为王：让客户主动找你

在互联网上，用户呈现无限分散的状态，怎样在这个分散的商业世界里，大声喊出自己的声音，把信息传递给目标人群，并在信息传播的过程中减少信息折损率，是每个营销人员都要面对的难题。

在移动互联网快速发展的今天，内容已经成为数字营销的最重要入口。要想让客户主动找到我们的营销信息，就一定要坚持内容为王的营销策略。

20世纪的营销只要简单粗暴地在电视台等主流媒体投放广告就能达到非常惊人的效果，且连广告词都非常直接，没什么美感，尽管人们都不喜欢这些营销内容，但事实上确实取得了不错的营销效果。进入移动互联网时代后，直白的、令人厌烦的、让人不喜欢不愉快的营销似乎很少再看到，这与互联网提供的海量信息有直接关系，在海量的信息面前，每个人都有足够多的选择权，这倒逼了营销方式的快速发展。

今天的营销正越来越"软",不到最后一刻我们甚至都不知道营销的目标是什么,不少营销内容变得非常富有艺术性。不管是广告营销、软文营销还是直播营销,无论是大企业大品牌的营销还是中小企业甚至微商个体的营销,都在尽可能提供用户更感兴趣的内容。

从图文到视频,本质上是互联网展示内容的升级,尽管营销的渠道、方式在不断发生变化,但有一点是从未改变的:大众始终都在被优质内容吸引。从过去对电视剧的喜爱到今天对抖音15秒短视频的痴迷,从过去对阅读的喜爱到今天观看知识科普视频、线上课程,好的内容始终都能给用户带来更好、更优质的体验。

从本质上来说,营销核心并不在于营销的表达方式,而在于内容。即便是当下最为火爆的直播营销,这种表达方式也并不新鲜,所有的电视节目都是视频,与电视片相比,直播的唯一区别就在于即时互动性,这是传统播放类视频所不具备的。但倘若直播的内容不吸引人,没有用户观看,那么就算直播可以即时互动,所有的直播也是毫无意义的。内容直接决定营销的成败,直接影响营销的实际效果。要想取得好的营销效果,就必须要在内容上下功夫,而且要深入下苦功夫。

不管是图文时代,还是视频时代,内容为王的整体逻辑从未改变。互联网上的信息多且杂、乱且难以辨认真假,在这样的背景下,优质内容必然会脱颖而出,受到大众的青睐。

在今天的营销领域中,内容就是生产力。不管是在哪一个细分营销领域,内容都在当今的营销环节中占据着独特的舞台力,2019年"内容营销"是个高频词,也是内容营销火速迸发的一年。

在过去的几年中,线上流量引导+转化是电商行业的运用核心,大流

量、短链路、快转化的流量思维成为一种共识,事实上这种思维也确实让不少商家发了财,但随着互联网流量见顶以及电商行业竞争的加剧,流量思维开始遭遇瓶颈,获取流量的成本越来越高、越来越难,抢占存量市场成为唯一出路。

内容可以把与之相应的潜在消费者吸引过来,直播+内容的营销方式具有一种天然优势,通过直播+内容来获取流量、提升转化率的营销生态不断扩张。李子柒、papi 酱的巨大成功,就是内容为王的最好证明。

未来是内容大容量时代,内容将开辟全新的营销场域,蓄力推动营销行业的繁荣发展,不管是抓住核心客户,还是吸引新的客户,抑或是维护老用户,优质的内容都能够让营销创造更大商业价值。

需要注意的是,营销切不可使用低俗内容,尽管色情、暴力、迷信、宗教等内容具有一定程度的吸粉力,但会触碰到法律红线,甚至受到法律制裁。目前,国家越来越重视线上宣传营销内容的规范化,并出台了相关的规定要求等,千万不要为了追求宣传营销效果,心存侥幸选择铤而走险!

2. 什么样的内容才更有营销价值

不同的营销内容,会产生截然不同的营销效果。对于营销人员来说,营销内容的确定是事关营销成败的关键因素。这就要求我们必须能够准确判断什么样的内容才更有营销价值。

对于营销来说,营销渠道、营销时机、营销预算等固然重要,但实际上直播输出的最核心的东西还是内容，营销内容在很大程度上直接决定营销的成败。那么，尤其是对于营销新手来说，如何来策划自己的营销内容呢？

实际上，营销就如同一场电影或电视节目，必须非常认真细致地写出营销内容策划，准备好营销的脚本，并充分熟悉营销脚本，做好充分的准备工作之后，营销才能顺利，营销内容才能更优质，更容易获得广大用户的认可和欢迎。

一般来说，我们要想策划出优质的营销内容，需要注意以下四个问题。

（1）营销主题的选择

一个好的营销主题，往往等于营销成功的一半。选择营销主题，要结合企业的实际情况以及商品定位等来进行选择，要深入分析目标用户的兴趣等，大数据是非常好用的分析工具，我们可以根据以往营销过程中收集到的相关用户数据以及用户对商品的评论、意见等，进行多方面分析对比，找到目标用户的兴趣点所在。据此我们再开动脑筋，充分发挥自己的创意，找到一个特色鲜明的、能抓住目标用户的主题来吸引大家的关注。

在营销主题的选择上，我们可以多留心互联网上的各类热点事件、热点词汇、具备内容，也可以紧贴目标用户的"痛点需求"，有针对性地确定主题，如此一来就能更容易地获得用户的广泛关注。

需要注意的是，那些具备可自我发酵传播的营销内容以及可衍生、再创作的营销内容，往往更容易形成"现象级"的广泛传播，我们在确定营销主题时，可以尽可能让我们的营销内容具备可"大范围传播"的特质。

（2）营销内容要分阶段策划

营销过程会大体经历初创、吸粉、固粉、卖货、维护的过程。在初创阶段，我们最主要的营销任务不是卖货，而是吸粉，大量地吸引粉丝；当粉丝已经达到了一定量级，才会开始商业化道路，开始带货，这个阶段的营销任务关键是卖货，吸粉已经退居其次……也就是说，企业所处的发展阶段不同，其适合的营销内容也大不相同。这就要求我们在策划营销内容时，一定要分阶段策划，根据企业的不同阶段匹配不同的内容策略。

此外，即便是一场营销活动，也存在不同的时间段，刚开始时我们需要通过互动把用户拉入自己的营销场景之中，在营销前期要制造氛围，在放出商品链接时，让整个营销的氛围达到顶峰……我们在策划营销内容的时候，也要考虑到一场营销活动中的不同阶段需要什么样的内容相匹配，哪个时间段发动留言抽奖、领优惠券等可以产生更大的市场效能等，这些都是我们需要重点考虑的问题。

（3）营销内容策划要有"爆点"

没有人喜欢看一直平淡无奇的内容，要想让我们的营销内容更受欢迎，我们就要善于策划营销内容中的"爆点"。"爆点"简单来说，就是出乎观众们意料的内容，比如突然露面的神秘嘉宾、完全想不到的超低价格、不按常理出牌的段子等，都可以让营销氛围一下子上升到一个高点，让广大观众们有讨论、互动的话题，如此一来，营销内容自然可以更火爆。

在设计营销内容"爆点"的时候，我们需要注意张弛有度，就像相声、小品等一样，既要有铺垫，又要有包袱，包袱过后还要给大家"缓冲"的时间。没有"爆点"的营销内容，很难让观众们有观看的欲望，但太过密集的"爆点",又往往会让不少观众们处于"蒙圈"的状态,所以我们在策划营销内容的"爆点"时,一定要注意掌握好营销内容"爆点"的密度。

总的来说,要想做好营销,价值性的内容输出非常重要。营销人员只有通过输出更有价值性的内容,才能让产品或服务远离同质化的怪圈,从而大大提升企业的营销效率。

3. 营销文案高手的九大撒手锏

在营销内容中,营销文案占据着重要位置。身为营销人员,我们要想做好内容营销,就一定要努力成为营销文案高手。营销文案看似包罗万象,但实际上也有一定的规律、方法和技巧。九大方法可以助力我们迅速成为营销文案高手。

(1)选一个好标题

给自己的营销文案拟一个好标题,就等于成功了一半,好的标题可以吸引更多的人来观看营销内容,可以大大提升营销产品的关注度和流量,为我们更好地销售商品打下良好的流量基础。但切忌"标题党",标题党的做法虽然能短时间内增加流量,但本质上无异于杀鸡取卵,不利于可持续发展。

(2)站在用户的视角

营销文案的受众是用户,而不是营销人员自己。通常,人们在考虑问题时会不自觉地"以自己为中心",这样写出来的营销文案除了能感动自己,别无他用。我们在撰写营销文案时,一定要站在用户的视角,这样才更能引起用户的注意,并真正影响用户的心理。乞丐原来的乞讨文案写的是:"无家可归,帮帮我吧!"尽管周围路过的人不少,但鲜见有人停下来帮助乞丐,一个心理学家帮乞丐把文案改成"你要是饿了,会怎么办?"结果乞丐的乞讨收入一下子翻了几倍。这就是站在不同视角写出的文案产生的巨大营销差异。

(3)学会制造对比

这是一个商品同质化竞争的时代,这是一个消费者饱受选择困难症的时代,在这样的大背景下,我们可以通过制造对比、结果对比的方法,来展示不同产品之间的差异,凸显自身商品的优点。制造对比、塑造差异的营销文案可以帮助消费者大大减少思考、选择需要消耗的时间和精力。除了与其他企业或品牌的商品进行对比外,营销人员还可以在企业多样化的商品中人为制造出对比的效果,来帮助消费者快速作出选择。《经济学人》杂志订阅的广告文案就是一个非常典型的例子,电子订阅59美元,纸质订阅125美元,电子和纸质订阅125美元。尽管没有人选择纸质订阅125美元的套餐,但它却是不可或缺的选项,当此选项存在时,人们往往会选择电子和纸质订阅,而去掉这一选项后,绝大多数人会选择最便宜的59美元套餐。由此不难看出,制造对比的巨大商业价值。

(4)具体可见的信息

人脑对"智能、更好的解决方案"等模糊的信息不感兴趣,甚至会产生厌恶感,与此相对应的是,人的大脑非常喜欢更加具体可见的信息。因此,营销人员在撰写营销文案时,要避免使用模糊的信息,而是尽可能采用具体可见的信息,具体可见的信息不仅可以帮助用户更好地了解产品,也更利于商品口碑的传播。

（5）视觉化很重要

俗话说"耳听为虚，眼看为实"，仅仅包括具体可见的信息还不够，如果我们能再加上视觉化的表达，那么就可以让营销内容变得更可信。"站在风口上，猪都能飞起来。"雷军的这句话，其内涵并不新鲜，无数人都说"遇见机会才能成功"，但他朴实、具体、视觉化的表达，让人一听就会留下非常深刻的印象。营销人员要寻找商品的特点并进行视觉化的表达，只有这样，才能快速影响受众的感受。

（6）故事化表达

人人都爱听故事，当人们在看故事的时候，会不自觉进入故事场景中，把自己带入主角中，从而受到故事的影响，产生购买心理或行为上的变化。营销文案不是要讲道理，而是要讲故事，谁能把故事讲好，谁就可以让营销文案发挥出更大的商业价值。

（7）激发受众的好奇心

人人都有好奇心，通过引发用户好奇，激发用户好奇，加强用户好奇的方法来撰写营销文案也是一种非常有效的技巧。需要注意的是，今天的大众身处快阅读、短视频的包围之下，绝大多数没多少耐心，因此在激发受众好奇心时，前期的铺垫不可过长，否则很可能会劝退相当一部分没有耐心的用户。

（8）产品导入不可少

营销文案的最终目的就是宣传产品，因此产品导入的内容是营销文案中不可或缺的重要一部分。产品导入内容一方面要介绍产品，另一方面要激发用户立刻购买的欲望。另外，产品导入的安排也很考究，一上来就导入产品，容易让受众产生抵触心理，但放到最后就容易让没耐心看到最后的用户无法了解产品，我们在安排这部分内容的时候，一定要考虑好前后顺序。

（9）学会蹭热点

互联网上时常会出现一些关注度非常高的热点事件，在营销内容中巧借时机，学会蹭热点，往往能够给自己的营销带来更多的流量。这就要求我们在进行营销文案撰写时，要留心互联网上的新变化、新消息、新潮流等，只有这样才能及时发现热点。需要注意的是，蹭热点不能为了热点而强行蹭热点，在蹭热点的时候，要充分考虑到自己所售卖的商品、营销内容等，只有热点与自身相互融合，才能起到较好的营销效果，反之则会令人生厌，那就得不偿失了。

4. 多渠道、多方式与客户建立链接

营销的本质就是与客户建立链接，要想让营销发挥出更大的商业价值，我们就要多渠道、多方式与客户建立链接，且是更密切的链接。

在互联网时代，客户变得更加不可捉摸，碎片化的时间、碎片化的需求，多元化的兴趣爱好……传统商业领域中规模化的客户群被互联网拆分得七零八碎，客户群体越来越小众化、个性化。这意味着，营销的难度发生了重大改变，把营销信息传达给所有人结果往往是谁也不会看，只有聚焦小众人群，为其提供全方位、多维度的服务，才能在激烈竞争中赢得一席之地。

如今，不少企业纷纷开始进行社群营销，这本质上就是更精准地打造一种与用户更密切的链接关系。对于营销人员来说，我们要想与客户建立链接，就要做好以下工作。

（1）深入洞察客户信息

唯有了解客户，才能投其所好，才能真正走进他们的内心之中，从而影响他们的购物心理和购买行为。我们要广泛收集更加详细、具体的客户信息，了解他们的年龄、生活场景、消费场景、使用产品的场景、性格爱好以及观看营销内容的习惯等。具体来说，我们要了解两方面的信息：一方面是客户的消费属性，包括年龄、性别、种族、国籍、所在城市或地区等人口特征；收入、职业、社会阶层、家庭特征、生活方式等社会特征；冲动、保守、积极、沉稳、热情、冷静等个性特征；教育水平、宗教信仰、民族文化、亚文化、小众文化、爱好等文化特征。另一方面是客户的消费行为，一是用户所扮演的角色，是信息提供者、购买决策者、购买执行者、决策参与者、使用者还是评价者；二是诸如使用时机、使用意图、使用频率、品牌黏性、用户体验等其他因素。接下来我们可以快速有效地建立起"谁接受—谁需要—谁购买—谁决策—谁使用"的逻辑链，从而把营销的目标人群划分为"尝试者、体验者、早期多数、后期多数、保守者"五大类，方便我们针对不同的目标人群提供差异化的营销服务。

（2）为客户提供差异化的服务

在互联网数字时代，客户数据是企业最为重要的战略资产，也是数字营销的坚实基础。企业需要精准地留住客户的数据，只有这样我们才能和客户进行长期互动，真正的营销是从售后开始的，这是与客户建立深度链接的不二法则。如今的大数据技术，为企业搜集和分析用户数据、打造高质量的数据资产、与不同的客户建立多渠道多方式的深度链接提供了极大便利。

京东、当当、拼多多、今日头条等，无一不实现了"千人千面"功能，即根据每个用户的搜索习惯、浏览习惯等推送其可能更感兴趣的商品或内容，如此"个性化"的服务，自然可以与客户建立深度链接。

（3）人工智能为客户提供更好体验

人工智能可以大大提高营销工作者的工作效率，成为营销工作者最好的伙伴，比如微软小冰、小米小爱、百度小度、喜马拉雅小雅等客服机器人，会让客户的体验印象深刻，它们与用户互动的过程，就是收集数据、分析数据的过程，大大提高了用户管理效率，也从一定程度上加固了企业与客户之间的链接。

此外，人工智能还可以协助营销工作者迅速找到合适的传播节点，进行社交领域的病毒式传播。人工智能可以捕捉智能（smart）数据，重新理解用户，对于用户需求具有更加深入的洞察。而大数据洞见则是营销工作者实现更加高效的营销运作的基础。

在越来越透明的互联网信息环境中，营销工作者需要作出相应的改变，应当主动追求一种双向透明的新环境，让客户能够参与经历，体验商品从设计研发到诞生过程中的绝大多数事务，并以此来与客户建立新的链接，从而增加用户的黏性和忠诚度。

前雅虎营销副总裁高汀在《紫牛》一书中指出：具有生命力的产品或服务应该像黑白奶牛群中冒出的紫牛一样，让人眼前一亮——只有拥有与众不同的产品或者创意，你才能在市场中处于领跑者的地位。在数字营销时代，企业必须借助多种多样的平台，多种多样的方式，针对客户做多样化、个性化的营销,才能与他们建立起一种牢不可破的链接。

5. 持续性优质内容营销更有效

对于企业来说,营销是一个持续性的过程,这就要求我们营销人员具备持续性优质内容营销的能力。互联网时代,从不缺少营销神话,但昙花一现的优质内容营销很快就会被淹没在互联网的海量信息之中,迅速被大众忘记。

我们非常熟悉的网红们,之所以能够在极短的时间就红透半边天,实际上依靠的也是优质内容营销。尽管网红的成长与企业的商品营销看似不同,但在营销层面上,都是相通的,我们可以从网红现象中看到持续性优质内容的巨大商业价值。

嘟嘟姐的走红就是一个非常典型的例子,红得快,凉得也快,仅凭一首《嘴巴嘟嘟》的歌曲,便迅速在快手上红了起来,嘟嘟姐的长相与歌词歌曲的完美匹配度,吸引了海量的粉丝,不少人都使用这首歌作为拍摄视频的背景音乐,嘟嘟姐也因此而红极一时,但紧接着网络上便出现了无数幻想成名的模仿者,因影响恶劣,嘟嘟姐被封杀。依靠优质内容营销"火"一把是完全可能的,但倘若后续没有优质内容营销继续跟进,那么就会如昙花一现,迅速降温直至被遗忘。

现任百度 App 首席内容官的网红 papi 酱,算得上是直播网红界的一棵"常青树",从 2016 年 2 月走红至今,papi 酱一直保持着十分不错的关注度。papi 酱之所以能够长期维持热度,并不是偶然,毕业于北京电影学院导演系的她,有着扎实的影视专业知识,在视频选题设计上出众,从生活到娱乐到两性关系都有覆盖涉及,以极其接地气的草根气质叙事,同时结合时事热点,在几分钟的短视频内布置诸多贴近年轻用户的槽点,直接满足了年轻群体对娱乐视频的需求,因此也就在当下"有趣"内容并不多见的内容环境生态中脱颖而出。

从papi酱的身上不难看出,持续性优质内容营销更有效。在互联网的海量信息面前,只有可持续生产优质内容的营销,才有未来,仅靠噱头、猎奇等很难保持持续关注度,那么,对于企业营销人员来说,究竟怎样才能具备可持续的优质内容营销能力呢?

(1)不断更换刺激源

再新奇视角的营销内容,一段时间后,受众们也都会逐渐适应,进而产生"又是这一套""无聊透顶"的审美疲劳。所以要想一直维持高热度,不妨在适当时机不断变换刺激源。

以直播红人"王辣辣"为例,"王辣辣"卖酸辣粉起家,聚集了众多粉丝后,进军商业地产改造,后又成了天使投资人,这种不断更换刺激源的做法让粉丝们感觉到"一样的辣辣,但总有下一个不一样的惊喜",从而维持刺激感。

升级新形象、策划新活动、变换新场景……这些变更刺激源的做法,都有可能重新激活一个商品、一家企业,是营销人员维持营销人气的有效工具。

(2)营销内容工具化

为什么用户会对段子产生疲劳,却不会对电脑、手机产生审美疲劳呢?电脑、手机几乎是人人都离不开的实用工具,它们的存在并不依赖于感官的"刺激感"。营销要想持续红,仅依靠"感官刺激"是很难长久的,帮助用户完成某个生活中本来就需要被完成的任务,让营销内容工具化,走"工具化"路线是十分明智的选择。

(3)增加用户参与度

在给用户制造愉悦感或其他感官刺激的过程中,我们不妨引导客户主动做出努力,让用户主动做事和参与,从而完成他们自己的目标,原本的"外部刺激"就会转化为"内部刺激",让用户在参与中获得自信、成就感等,如此一来用户的忠诚度不再单纯依赖营销的"外部刺激源",也就不那么容易脱粉,增加用户参与度常用的方法有抽奖、积分、赚金币、兑换礼品、升级等。

(4)不断推出营销新玩法

如果观察现在的热门营销,我们很容易发现一点:他们常常会推出各种各样的新玩法,比如淘宝一姐直播卖火箭、拼多多种树免费领水果、神秘福袋等。不断推出新玩法,一直给广大用户带来新鲜感,也是持续性优质内容营销的一种常规做法,可以有效维持营销热度。

6. 打造内容 IP,引爆营销辐射力

在互联网时代,一个失语的企业是没有未来的。当绝大多数网民在刷视频,懒得看文字、看图的时候,一个固守在文字、图片表达方式上的企业也是没有未来的。把既有的不同表达方式的优质内容,用如今消费者们最喜闻乐见的表达方式呈现出来,这在商业营销领域是非常有价值的。

以文化产品为例,"全媒体开发"已经成为整个营销领域的共识,电视剧、电影、漫画、小说、游戏、娱乐节目、周边产品、短视频等全面开花的营销案例不在少数,同样的故事,看完小说的读者们照样会去追电视剧、电影、动漫,如今在网络文学影视化的过程中,书粉数量的多少已经成为衡量整个 IP 影视化商业价值的重要因素。

在全媒体数字营销时代,打造内容 IP,才能引爆营销辐射力。即便是早已经被大众熟知的常识性内容,把商品生产步骤转化为商品诞生的视频,把摄影广告转化为拍摄广告作品全过程的视频……都会产生新的商业营销价值。

打造内容 IP,首先要在选材、内容、构思上花费不少的精力,我们可以将以往的图文或其他载体形式的营销内容,用最新的形式重做一遍,一来可以节省一部分时间和精力,二来可以帮助我们进一步熟悉新的表达方式,积累一定的营销经验,三来也可以让我们对新的表达方式的受众情况做一个基本的了解,获得一些基础性的反馈,为后面的内容 IP 打造提供更多有价值的信息参考。

弹幕、表情包、漫画式的旁白……今天的营销正在不断翻新各式各样的表现方式,多种多样的营销思路,不同受众们不断变化的口味等,都是做内容 IP 必须要考虑到的问题,只有与时俱进、紧跟受众,才能不断提高商品的曝光率、转化率、成交率。

消费者永远都是喜新厌旧的。马斯洛需求层次理论将人的需求分为生理需求、安全需求、社交需求、尊重需求和自我实现需求,这五大需求可以归结为两类,即功能性需求和精神性需求。今天,中国的广大消费者们早已经满足了吃穿住行、安全、社交等功能性需求,在这样的大背景下,大众的精神需求呈现集中爆发状态。

伴随消费升级，中国消费者对营销内容的要求会越来越高，一个企业如果不能紧跟消费者的需求步调，不能随着市场发展而为营销内容注入新元素、新生命力，那么，遭遇营销滑铁卢从而退出市场就成了必然结局。

伟大的营销一定伴随有伟大的营销故事。故事是打造内容IP的核心，营销工作者最重要的任务就是基于企业的愿景、价值理念、企业家经历等来复述能够成为经典的故事。好的营销本身就是一本好书，人们将营销故事编织到自己的生活之中，理想之中。一本好书，能够将用户带入营销营造的想象世界。

很多速生速死的企业，本质上都是因为缺失经典故事，缺失和用户的情感连接，所以它们就像网络中一个只有一面之缘的朋友，走过就错失了，昙花一现后就再也不见。

打造营销内容IP的前提是自己对自己的尊重，包括对创作的尊重，对坚持的尊重，对价值观作出选择的尊重。一个优秀的内容IP应该具有和用户产品情感共鸣的精神内核，营销工作者要想让营销内容成为经典，就需要具备像经典文学作品一样的内在精神。

营销内容正在逐渐演变成故事和价值观的封装器，说到底营销内容属于人文主义的东西，按照这个逻辑，只有被注入了价值、企业家故事、产品故事、世界观、文化、形象符号、审美等多重人文要素的内容IP，才会焕发出更迷人的人文气息，满足更多人的精神幻想，吸引更多人的目光。

【营销锦囊】

营销核心并不在于营销的表达方式，而在于内容。即便是当下最为火爆的直播营销，这种表达方式也并不新鲜，所有的电视节目都是视频，与电视片相比，直播的唯一区别就在于即时互动性，这是传统播放类视频所不具备的。但倘若直播的内容不吸引人，没有用户观看，那么就算直播可以即时互动，所有的直播也是毫无意义的。

内容直接决定营销的成败，直接影响营销的实际效果。要想取得好的营销效果，就必须要在内容上下功夫，而且要深入下苦功夫。

第八章　人性营销：洞悉人性更高效

1. 许多人都有占便宜的心理

著名心理学家丹尼斯·里根做过一个在心理学领域非常有名的实验：他让自己的助理假扮成推销员去推销彩票，第一次实验时助理在推销过程中给每一位客户都送了一小瓶可口可乐，第二次实验时则什么都没送。实验统计结果：送可乐时的销售量是什么都不送销售量的2倍。

为什么会出现这种情况呢？丹尼斯·里根认为每个人内心都存在一个"互惠天平"，当彩票推销员送你一瓶可口可乐时，互惠天平的平衡被打破，人们就会随之出现"负债感""亏欠感"，在这种心理状态下，他们内心非常渴望做点什么来"还债"，所以当推销员提出"我在卖彩票，您能帮忙买几张吗"的请求时，他们答应的可能性要比平时高得多，这就是"心理互惠效应"在销售过程中的惊人作用。

千万不要小看诸如"免费擦鞋""试吃""试用装""优惠券""超低折扣""赠品"等小恩小惠，它们虽小，但却能够让人们产生一种"负债感"，从而更愿意接受营销信息并购买营销中推荐的商品。

许多人都有占便宜的心理，即便是经济条件好的客户群体，在选购价位比较高的商品时，也会热衷于通过不同渠道寻求"信用卡积分兑换""免税店低价""代购更便宜""双十一打折""更多小样赠品"等信息。

促销、打折、买一赠一……诸如此类的宣传营销总能吸引一大批消费者蜂拥而至，为什么广大消费者会被这样的宣传吸引呢？很简单，因为便宜。具体是不是真能占到便宜，我们暂且不论，可以肯定的是，客户之所以被吸引完全是处于想占到便宜的心理。

很多时候，消费者被"促销打折"的宣传吸引，但最后购买的却并不一定是打折商品，还有可能是全价新品，既然客户是图便宜为什么不买最便宜的商品，反而买没打折的新品呢？

在营销领域，流传着这样一句俚语：客户想要的不是便宜，而是占便宜后的心理满足感。这种说法并非没有道理，但客户的心理常常是非常矛盾的，如果商品便宜得毫无理由，客户往往会主观认为"便宜没好货，肯定是品质不好"，所以要想让客户心满意足地占便宜，就一定要给对方找好便宜的"借口"或占便宜的台阶。

可怎么做才能满足客户占便宜的小心思呢？

（1）优惠法

绝大多数情况下，客户的忠诚度与商品的优惠程度成正比，所以营销人员不妨用"优惠法"来满足客户的"占便宜"心理，不过优惠也要有理由，常用的理由主要有：节假日酬宾、新店开业、回馈新老客户、清仓甩卖等，只要理由正当都可以使用。此外，值得注意的是如果你的优惠力度没有竞争对手大，那么客户很可能会毫不犹豫地离你而去。这就要求营销人员在制定优惠政策时，不仅要让客户得到实惠，还要避免被竞争对手抢了风头。

（2）送小礼物

要学会用小利益来吸引客户，不过给客户送小礼物也是讲究诀窍的，有些营销人员给客户赠送小礼物，反而越送越助长了客户的"贪婪"，而有些营销人员仅靠小礼物就能迅速征服大批客户。要想用小礼物满足客户的占便宜心理，就一定要给客户传达这样一个信息：小礼物并不是天天都送，你真的很幸运，可以拿到为数不多的小赠品。

（3）超值售后

强化售后附加值也能满足客户"占便宜"心理，比如有些美发店推出的"只要消费一次就可免费剪发一次"，婚纱影楼推出的"拍婚纱照免费送结婚纪念日拍照套餐"等，这些都属于通过"超值售后"来吸引客户的营销策略。谁都喜欢买物美价廉的商品，如果价格不能便宜，那就附赠售后服务好了，客户用同样的钱可以买到更多的服务，自然会开开心心掏钱。

2. 营销就是占领受众的头脑

美国广告专家利奥·伯内特经过长期研究和总结提出了伯内特定理，该定理指出：只有占领头脑，才会占有市场。头脑决定行动，购买行为的产生是购买意向的外在表现，因此营销人员要想取得成功，首要任务不是影响客户的外在行动，而是要从占领他们的头脑开始。

"今年过节不收礼啊，收礼只收脑白金。"对于这句广告词，相信每一个营销人员都不陌生，史玉柱的广告宣传攻势在中国营销史上可谓是浓墨重彩的一笔，就靠着如此简单的广告词以及铺天盖地的广告频率，硬是让广大消费者产生了"一提到送礼就想到脑白金"的条件反射，从而把营养品、保健品卖出了生活必需品的架势，这就是占领客户头脑的经典案例。

拿脑白金的案例来说，该宣传口号正是抓住了人们"不知道送礼该送什么"的心理，从这一点做广告十分吸引那些需要送礼，又不知该怎么送的人，因此脑白金大卖也就顺理成章了。

头脑是相当抽象的东西，占领客户头脑说起来很简单，但面对客户抽象的思维，我们怎么做才能有效打入客户大脑内部呢？

（1）激起客户购买欲

客户买东西有各种各样的心理动机，有人图便宜，有人图实用，有人图面子，有人图外观……只要明确了特定客户的购物动机，那么完全可以从其动机出发刺激其购买欲，比如奢侈品销售大多走的是"高大上"的格调，因为格调够高才能激起目标客户群"用××才够身份"的消费心理。

（2）营造社会潮流

从远古狩猎时期开始，人类就以"群体"的形式组织生产生活，经过千百年来的发展，逐渐形成了一种独特的社会心理现象——从众。在狩猎时代，"离群"是危险的代名词，毕竟仅靠个人力量无法抵御野兽，也无法获得充足的食物；在现代社会，"离群"意味着被边缘化、被排挤、被忽视……基于此，人们的行为往往会不自知地"随大流"。

开会时举手表决，大家都举手我也不好意思不举；上班的服装穿着，大家都穿职业装我也跟着穿……这种"从众"行为简直无处不在,在消费领域体现得尤为明显,"淘宝爆款""最新流行"等均是人们从众心理在商业领域的客观反映。人人都有"从众"的心理倾向,而这种心理恰恰为广大营销人员提供了营销便利。

人人都有从众心理,所以与其一个个去征服客户,还不如将产品打造成一种潮流的标志。在智能手机一统天下的年代,谁用非智能机谁就会遭受到周围人诧异的眼神,没人愿意被当成异类,所以自然会跟随社会潮流消费。基于此,营销人员不妨巧妙借助"从众心理"来占领客户的头脑,"明星同款""今年流行色""再不买某某你就OUT了"……这些我们十分常见的营销用语,实际上就是巧妙运用了"从众心理效应"。不过值得一提的是"从众心理"战术并不是适合每一个客户,有些客户天生就是为了"个性"而生,他们追求的是与众不同,用"从众心理"战术不仅会毫无效果,反倒会弄巧成拙。

（3）共鸣引导消费

情感共鸣是一种奇妙的心理化学反应,比如一听到乡音就会立即想到家乡的种种,高明的营销人员往往善于运用情感共鸣来占领受众的头脑。"您炒菜的时候煳过锅吗？煳锅后是不是特别难洗？可以试试这款炒锅,用水一冲立马干干净净。"诸如煳锅不好洗等共同经历恰恰是引发消费者"共鸣"的点,用这个点来营销新款炒锅很容易就能打动经常做饭洗锅的家庭主妇们。

3. 巧用焦点效应来营销

从心理学角度来讲，人们对周边事物的认知都以自我为中心，当社会忽视我们的存在时，会随之产生"不甘"等糟糕情绪，反之当我们被众星拱月般视为中心时，则会产生巨大的喜悦感。在营销过程中，愉悦的情绪总是更能促使受众产生购买行为。一个合格的营销人员不仅不会忽视客户的存在感，还会像对待上帝一样把"客户"奉为中心。

"焦点效应"是心理学领域的一个专业用词，也就是说人人都将自我当作焦点，事事都从自我出发，这种心理现象有两层含义：一是希望得到旁人的重视与关心，二是出于保护自我的需要。

这种"焦点效应"在现实社会中的体现是多方面的，比如两人争执时常常是"公说公有理，婆说婆有理"，在熙熙攘攘的人群当中我们总是认为自己是最特别的那一个……在购买行为当中，客户同样会遵从"焦点效应"的规律，不管营销内容是什么，怎么说，客户都会坚持按照自己的想法来决定买还是不买。

在这种情况下，如果营销人员始终站在自己的立场"营销"，那么受众难免会觉得自己被"忽视"了，反倒不利，一个聪明的营销人员应当善于运用客户的"焦点心理"，主动从对方的角度去刺探他们的需求，探寻其购买动机，从而有针对性地满足其需求，最终达成提升营销效率的目的。

"子非鱼，焉知鱼之乐？"这句朴素的话语中恰恰包含一个深刻的心理学哲理，即立场差异导致认知差异，我们不是鱼，所以无法知道鱼快乐不快乐，同样营销人员不是客户，所以也无法知道客户究竟愿意接受怎样的营销。

世界著名销售大师戴尔·卡耐基在总结自己的工作经验时，常常会讲到这样一个故事：我喜欢吃鲜奶油草莓，觉得再也没有比它更美味的食物了，在缅因州钓鱼时，我理所当然地认为鱼也无法抗拒鲜奶油草莓的美味，所以便以此为饵，结果显而易见，没有哪条鱼会上钩，如果改用蚯蚓做诱饵则完全不同。

用草莓钓鱼的行为实在是很愚蠢，可营销人员按照自己对客户的揣测来营销不是一样愚不可及吗？

作为一个营销人员，你是否遇到过这样的情况：自己觉得非常棒的营销内容，谁知客户的反应却很平淡；明明营销内容的传播很给力，但似乎真正转化为成交的却并没预测的多……实际上，这些情况就是由"立场差异"造成的。

要想打破这种立场差异造成的认知差异，清楚地知道客户究竟在想些什么，就必须要主动站到客户的立场上，只有当你"成为"客户时，才能精准揣测出对方的想法，进而再采取有针对性的营销策略。

换位思考很重要，可怎样才能顺利换到客户的立场和角度上思考问题呢？

（1）角色扮演训练

营销人员可定期组织角色扮演训练，即一人扮演营销人员，另一人扮演顾客模拟真实营销场景，这样的练习虽然只是虚拟的，但确实能够强化营销人员的"客户"观念，能够进一步了解并掌握客户表面行为背后的心理根源。值得注意的是，角色扮演训练要定期组织进行，角色要反复更替，以保证每一位营销人员都能扮演顾客角色，都能在扮演角色过程中参透客户接受营销信息以及购买商品时的真实心理活动。

（2）换位思考要有目的

如果缺少明确的目的性，角色扮演训练就会沦落为"过家家"，沦落为"形式主义"，所以在进行换位思考前确立明确的目的显得非常重要。从广义上来讲，换位思考的目的无外乎是了解客户，了解客户的内心，但光有这样的大目标是远远不够的，还要确定诸如"客户喜欢怎样的营销方式""什么情况下，客户会觉得物超所值"等具体目标，目标具体了，换位思考才能更有效率。

4. 直击人心的赞美与夸奖

不知道你是否参与过这样的小活动：同桌两个人，一人一张白纸，然后在纸上分别写出对方10条优点，写完后两个人交换纸张阅读。实际上这个群体活动中经常用到的互动小环节，最初源自心理学中的"镜子理论"。

所谓"镜子理论"，简单来说就是我们怎样对待别人，别人就会怎样对待我，我们赞赏对方的优点与长处，对方自然也会以相同的眼光看待我们。演讲、培训等场合之所以会常常用到"交叉写优点"的互动环节，一方面是想通过"镜子理论"来拉近人与人之间的心理距离，另一方面是为了营造一个积极乐观自信的氛围，因为在赞美面前，没有人可以做到什么都没听到，即便对方脸上毫无变化，其心里也肯定早乐开了花。

在营销内容中，不要吝啬你对受众群体的肯定、赞美和夸奖。不管你营销的商品是什么，赞美客户都可以作为一个行之有效的营销法宝。通常来说，人们大多不喜欢虚伪的奉承，但有意思的是，即便明知道奉承是假的，它也会对人们产生无法忽视的积极影响。

从心理学角度来说，在虚伪的奉承面前，人们通常会出现两种态度：表面上，虚伪的奉承必然会引起人们对赞美之词的怀疑，认为虚假的奉承背后必然有某种不可告人的目的；不过心里却会不受控制般产生好感，喜欢被赞美肯定是人的一种本能，是本我的重要组成部分，即便再怎么遮掩也是掩盖不了的事实。

心理研究表明，即便是虚假的奉承，即便遭到了客户的反感，也会对客户的内心造成十分长久的影响。换句话说，在营销的过程中，虚伪的奉承也并非没有半点效用。

在股票行业，有这样一种十分有意思的现象：当公司发布的财报有些糟糕时，股票价格往往会随之下滑，股价下滑显然会影响广大投资人对该公司股票的信心，为了挽回广大投资人的信心，公司往往会变动董事会成员，CEO也会频繁地提及这些变动，这些举措会促使股票分析师发表正面言论，从而延缓或改善股票下滑的状况。

可是董事会成员变动真的有用吗？有一项最新研究结果指出：董事会

人员的变动只能增加其形式上的独立性，但并不能改善其社会独立性情况，也无法对股票价格产生什么实质上的影响。换句话说，公司变动董事会成员的行为完全是一种虚伪的逢迎，尽管投资者们对这样的行为心知肚明，但依然会愿意选择投资，这是为什么呢？

在明知道某公司通过变动董事会成员来应对股价下滑时，投资者对股价是否上涨的判断会在不知不觉中受到这种虚假逢迎的影响，从而产生一种难以压抑的内心愉悦，产生"既然对方如此诚心诚意地挽回下跌局势了，那势必会好好经营，进而交出一份更好的财报"，出于这种想法，再次投资也就没什么好奇怪的了。

其实，其他商品的营销道理是一样的，如果连虚伪的奉承与迎合都没有，那么客户必然会"心寒"，如此一来肯定只能"一锤子买卖"，难以建立长期关系。

从心理学角度来讲，人人都喜欢被夸奖，爱听好话本就属于人类天性，虽说奸臣和小人们的行径令人不齿，但正是因为他们深谙人的这种心理需求，所以才能凭借"好话"春风得意、平步青云。

在芸芸众生当中，人都想凸显出自己的与众不同，获得高人一等的精神体验，客户也不例外，所以营销人员要想快速搞定客户，不妨主动抓住他们希望得到肯定、赞赏和夸奖的心理，适时地给他们戴戴高帽子，当对方心理需求被满足而飘飘然时，营销产品自然会事半功倍。

5. 学会借助权威的力量

中国古代有"人微言轻，人贵言重"的说法，这种现象看似平常，但背后却隐藏着深刻的心理学原理。通常来说，人们对于比自身强大的人物往往心存"畏惧"，在这种心理状态下，人会不自觉地听从权威人士的话语或指示。权威在说服当中的作用是非常强大的，营销人员如果懂得借助权威的力量来影响受众，那么营销效率自然事半功倍。

人们对于权威的服从自古有之，封建社会的"天赋皇权"就是最鲜明的代表，童话故事中，"穿新衣"的皇帝之所以敢光着身子游行，也是因为"骗子纺织大师"早就借助自己"纺织"权威的身份散播了"只有聪明人才能看见衣服"的言论，由此可见人们对"权威"的盲从力量是多么强大。

可是对于营销人员来说，究竟该怎样运用"权威"的力量来对受众施加影响力呢？

（1）权威检测

舒肤佳的广告，相信每个人都不陌生，广告中针对手上细菌做了专业权威的医学检测，检测结果显示：舒肤佳比一般香皂清除细菌的功能要强大。其实这种权威检测手段就具有非常强的说服力，如果有相关的检测设备或权威人士的检测结果等，营销人员不妨将权威检测结果告知大众或者让其亲自检测，在权威力量的影响下，受众往往容易被说服。

（2）权威推荐

明星代言的商业现象实际上就是一种"权威推荐""名人推荐"，连那些精英人士用了都说好，那自然应该错不了，正是因为人们信奉权威的心理特性，所以一款产品营销情况的好坏与"名人代言"存在莫大的关联。

（3）清晰数据

心理学研究表明：信息越模糊，人的信任度就会越低；信息越清晰明确，人的信任度就越高。依据这一心理学原理，营销信息越精准就越容易说服受众购买。作为一个成熟的营销人员，一定要学会用数据说话，这就要求我们宣传产品时，一定要把基础打牢，对于产品的重要参数以及数据等要说得清、说得细、说得准，同时还可以适当展示数据的采集过程等细节，以强化数据的可靠性，增强宣传内容的说服力。

6. 激发受众的高尚动机

弗洛伊德认为人的人格分为：本我、自我、超我三个层次，尽管本我有自私、贪婪、欲望等种种缺点，但人们总是希望自己能摆脱本我的低俗，并能在自我控制与制约中看起来"完美而高尚"。

你是一个高尚的人吗？你想成为一个高尚的人吗？前者很可能会令人犹豫，但后者的回答则往往是毫无疑问的"想"。也许你的受众群体并不都是高尚的人，可是不管他是一个怎样的人，出于追求"超我"的心理动力，他都希望自己能变成一个高尚的人，正是因为这一点，在某些特定场合，他们往往有扮演一个高尚角色的需求。

如果营销人员能够调动受众的"超我",激发起他们想成为"高尚者"的动机,那么营销就会变得非常容易,说服对方也会随之变得轻松。

没人愿意成为一个失信之人,所以一旦做出了承诺,为了兑现人们就会积极主动地做出更多努力。从心理学角度来讲,"承诺"就好比是一根上紧了的发条,一旦启动,我们就会以此为方向冲破一切努力前进。

其实,在营销过程中,如果我们能够让客户作出承诺,那么迫于"兑现承诺"的心理压力,他们也会按照承诺做出相应的行为。想说服客户时,不妨先试图让他们作出承诺,迫于言行一致的压力,他们在作出承诺后往往更愿意接受营销信息,不过人们通常不会轻易许诺,因为承诺意味着责任和心理负担,毕竟谁也不愿意主动背上承诺的心理重担,那么怎样才能让客户作出承诺,并依靠承诺的力量产生购买行为呢?

美国的玩具商们非常精通此道,在美国,圣诞节期间是儿童玩具销售最火爆的时期,在圣诞节前,家长们通常都会承诺小孩子给他们买圣诞礼物。玩具商们会在圣诞节前大肆播放玩具广告,孩子们通常会从广告中选出自己希望得到的圣诞礼物,并告诉父母。

有意思的是,在圣诞节期间,大肆播放广告的玩具一般都处于"断货"状态,当家长们按照孩子们的要求去选购玩具时,会发现孩子们想要的玩具都断货,出于补偿心理,只好买一款有现货的玩具作为圣诞礼物。

圣诞节结束后,玩具商们会再次大范围播放玩具广告,大街上的各种玩具店铺中终于出现了孩子们圣诞节时渴望得到的玩具礼物,这时候孩子们往往就会使出"一哭、二闹、三赖皮"的招数来折磨父母,"那是我圣诞节时想要的礼物,你们答应过要买的……"

家长们迫于自己曾经的承诺,再加上孩子们的执拗与哭闹,多半会再次走进玩具店购买孩子们想要的玩具。

这就是"承诺"在营销过程中的力量,不得不说美国玩具商们十分精通借助承诺"逼迫"广大消费者就范,实际上这种营销策略简单有效,是非常值得我们学习和借鉴的。

当然,不同的商品有不同的客户群体,每个客户群体又有各自的个性与特点,所以要想借助"承诺"心理来征服客户,那么就必须要吃透他们的想法、立场以及心理活动,否则很容易演变成"强迫"行为,届时将会引起广大客户的反感,反倒不利于营销活动的顺利进行。

【营销锦囊】

仅宣传营销商品信息可远远不够,还要洞悉人性,直击大众的人性弱点,才能让营销变得更高效。

"有大额优惠券就买,要不有小赠品也行",这是人们的"贪小便宜心理";"今年流行这种款,满大街都是,不买显得自己好过时",这是追逐流行的"从众心理";"明星用了都说好,肯定错不了",这是人们对"权威"的盲从心理……

其实,任何人在购买行为的背后都有一连串不为人知的心理活动,如果营销人员能够洞悉客户的人性与心理,那么又何愁无法提升营销效率呢?

第九章　社群营销：打造专属流量池

1. 社群是商业营销的新场景

你喜欢看剧，我更愿意刷抖音；你没事就翻看小红书，我闲暇选择看知乎；你看各种各样的手工达人，我粉各式各样的动漫人物……在互联网的海量信息中，不同的人的内容偏好不同，于是便以"兴趣点"为核心，形成了一个个内容社群。

"内容社群"的概念，可能不少人会比较陌生，实际上我们很多日常使用的App、小程序、应用软件、平台等都属于"内容社群"，比如新氧App、大姨妈、宝宝树、她社区、女王日课、闺蜜社、if时尚等。

如今的内容社群早已经成为商业营销的新场景，以"宝宝树"为例，这个社群聚集的都是备孕女性、孕期女性、新手妈妈，社区除了给广大女性用户提供一个相互交流经验、感受、情感的平台，还给广大女性用户提供一站式育儿服务，从备孕知识、看B超单到孕期知识，再到宝宝疫苗表、辅食大全等全覆盖，打造出一个母婴产品营销新场景。在"宝宝树"

平台上，女性用户不仅可以获取孕育知识、交流交友，还可以记录宝宝的成长，浏览奶粉、尿不湿、玩具等各种母婴用品的宣传内容，并最终完成下单消费。

在流量越来越贵的用户存量时代，内容社群就好比一个蕴藏着巨大流量的蓄水池，这里的用户因"兴趣"或某种共同点而聚集在一起，对于营销人员来说，社群是再优质不过的用户群体，与在茫茫互联网大海中向分散用户传递营销内容相比，到与自身产品相匹配的特定社群中进行商业营销显然更有价值，找到了内容社群就相当于挖到了一个可持续发展的固定用户群。

正是因为内容社群的巨大营销价值，所以不少企业纷纷开始入驻内容社群引流吸粉。那么，对于我们营销人员来说，怎样才能利用内容社群更好地引流吸粉呢？

（1）寻找匹配的内容社群

互联网上的内容社群多种多样，不同的内容社群聚集着完全不同的用户群体。要想利用内容社群做好引流吸粉工作，就要在众多的内容社群中，找到那些用户与我们的目标消费群体相关度较高的社群。如果企业的商品主打年轻、美丽、时尚理念，那么小红书就是一个非常适合入驻做营销的内容社群；如果企业的商品主要是母婴类，那么诸如宝宝树、好孕妈妈等就可以作为社群营销的重点；如果企业的目标客户是收入不错的高级知识分子群体，那么知乎社区就是绝佳的吸粉引流平台……只有找到了与企业目标消费者重合度很高的社群，才能为后续的社群营销做好充分的准备。

（2）积极持续地发布优质内容

内容运营是社群营销汇总非常重要的工作，要时时关注营销内容的阅读量、播放量、点赞量、评论量等数据，并依据数据情况及时给出反馈。

做好内容是让整个社群营销形成正向发展的关键，好的内容可以留住用户，根据用户的喜好向他推荐内容可以与用户建立起强关系，当用户关注的内容逐渐增多，他们的活跃度和活跃时间也会随之增加，这样一来，就为我们运用社群吸粉、引流打好了基础。需要注意的是，在发布优质内容时，要遵循重内容、轻营销的原则，切不可一上来就是非常直白、赤裸的广告，否则不仅不能吸引到粉丝，还可能会"劝退"一大批潜在受众。做好社群运营的关键是积极持续地发布优质内容，只有这样才能长久，"图穷匕首见"的做法只能收割到一小部分粉丝，且非常容易造成脱粉，对此营销人员一定要引起注意。

（3）与受众建立密切联系

社群营销的运营手段主要体现在与受众建立密切联系上，我们可以通过设置用户成长体系来让双方的关系更密切，比如积分、金币、勋章等，除了这些用户虚拟奖励功能外，还要积极与用户进行互动，如关注、点赞、送花等。不管企业最终选择入驻的是什么类型的内容社群，用户成长体系都是必须要具备的，这对于我们培养用户的忠诚度非常有帮助。

2. 情感与信任是社群营销的基础

"人而无信，不知其可也"，诚信是一个人的安身立命之本，对于企业营销更是如此，诚信是赢得受众信任的最根本条件，也是社群营销的基础，撬动受众情感的必备支点。

把营销信息传达给社群中的人容易,但要想让社群中的目标受众在接受营销信息后,能够从心底里信任我们的产品却非常不容易。实际上,要想把产品卖出去,就必须取得顾客的信任,不能让顾客信任产品的营销,算不上高明的营销。

从心理学角度来说,每个人都有一整套价值判断体系,我们要想走进客户的内心,首先必须经过其"判断体系"的检测,它就像一个"心理免疫系统"一样,一旦我们的营销信息被视为"病毒",就会立即被排斥出去。作为一个营销人员,谁也不希望营销内容被客户排斥,所以赢得对方信任很重要,信任就好比是一个"通行令牌",只要我们有了客户的信赖,那么走进对方内心就变得轻而易举。

商品是冷冰冰的,但社群营销却可以是生动的、有温度的,在快速迭代成长的互联网消费时代,营销逻辑的核心正在悄然发生着改变,"产品为王"的时代正在朝着新的方向发展。对于消费者来说,要想短时间内在信息的汪洋大海中对某一款产品建立信任变得越来越艰难,这导致其消费行为出现"去功能化""样本化"的趋势,从众效应下,无数消费者成为被大数据裹挟中的一员,哪个销量高就买哪个,哪个评论多就买哪个,已经成为不少人网络购物的行为习惯。在这样的大背景下,企业要想通过营销和消费者之间建立起更密切的关系,除了推行企业营销战略,增加产品的文化附加价值外,营销人员也要积极走到群众中来,通过与社群中成员的频繁互动,建立起与潜在目标群体的情感链接,从而为改善社群营销效果提供助推力。

今天的消费者比以往任何一个时期的消费者都更加重视体验,单薄的营销符号已经不足以打动、刺激他们产生购买行为,营销人员需要给营销赋能。简单来说，商品是死的，社群则是鲜活的，社群营销之所以成为当前非常火爆、主流的营销方式，就在于这是一种极富感染力的营销，消费者在自己活跃的社群中接触接地气的营销内容显然更容易获得愉悦感，也更容易建立起信任和密切联系。

对于营销工作者来说，一定要重视情感存款的累计，很多企业是先基于社群构建起来的情感池。实际上自媒体、各种社交软件都是社群营销的绝佳工具。怎样让自己与众不同，怎样把社群营销与产品的特质融合起来，怎样运用社群营销构建局域差异化的营销模式，从而打造专属流量池、扩大销售量，已经成为每一个营销人员都必须面对的重大课题。

基于社群营销的企业，能够在一定程度上，实现企业文化、品牌、创新力等的变现，但打造社群营销的最终目的还是服务于企业的长远发展，服务于与社群中的成员建立长久的信任关系，服务于与社群中的成员构建起情感层面上的密切联系。

群众的眼睛是雪亮的，他们清楚地知道哪些营销内容是真诚的，哪些营销内容是不可信任的，所以千万不要试图触碰"敷衍"和"谎言"，不管出于什么样的原因和理由。即便不诚实的做法能带来短期利益，最终也会尝到"更苦""更涩"的恶果，诚实才是社群营销的基石，才能为营销效果保驾护航。

俗话说"白日没做亏心事，夜半不怕鬼敲门"，要想赢得客户信任，除了坦诚、真实、透明外别无他法，不要对"谎言"心存侥幸，坦坦荡荡面对客户才是赢得对方信任的最好办法，才是做好社群营销的第一准则。

不过，在现实销售情况中，为了显示商品的"好"，很多销售人员在不知不觉中"欺骗着"客户，消磨着客户对我们的信任。

兰梦是一家婚纱摄影公司的婚礼策划师，这天她接待了一对前来挑选婚纱礼服的准小夫妻。女顾客在看到各式各样的婚纱后显得非常开心，她从中挑选了一个短款婚纱走进了试衣间。

三分钟后，穿着短款婚纱的女顾客站在了镜子前，一边照镜子一边问："好不好看？"正在选礼服的男士一脸深情地回答道："不管你穿什么在我眼里都非常好看。"一看男士的意见实在没什么参考价值，她把目光转向了兰梦，兰梦回答道："确实挺好看。"

一会儿，该女士又穿了另外一款拖地长婚纱，问道："这件怎么样？"兰梦答道："不错，这件也挺漂亮。"

该女士一共试穿了五件婚纱，兰梦的评价几乎都是"很好看，挺漂亮"，虽说这么回答无可厚非，但实际上客户却并不这么想，明摆着这是"敷衍"，销售员说的话根本不可信，估计人也不怎么诚实可靠。

尽管最后该客户依然在这家婚纱摄影店选定了婚纱，不过在临走前却偷偷和经理要求：婚礼想让另外一个策划师来策划。兰梦丢掉了原本属于自己的婚礼策划机会。

3. 打造社群的核心与十大步骤

社群营销的核心在于用户的信任，这是一个用户为王的时代，只要我们能够抓住用户，即便没有产品、没有技术、没有团队，也能够依靠数量庞大的用户，吸引来自方方面面的合作商家，从而赚得盆满钵满。

用户当然是越多越好，为了获取更多用户，无数互联网企业都在靠

"免费"来吸引人，值得一提的是，并不是用户越多的企业就越盈利，反而有些企业随着用户的增多还在不断赔钱，且赔得越来越多，这是为什么呢？

用免费、亏本补贴等方式确实能够迅速获得大量用户，但这种获取用户的方式，只会吸引那些想占便宜的用户，本质上并没有与用户之间建立起信任，没有信任，再多的用户数据也无法产生实际商业价值。

做好社群营销，除了吸引尽可能多的用户之外，打造与用户之间的信任才是核心。从商业营销角度来说，我们可以把客户的信任分为三个级别：

一是基础信任，在这一阶段，我们与用户的关系从陌生升级为利益关系，与用户建立基础信任关系并不复杂，我们只需做到让用户觉得有利可图、好玩有意思、持续产生价值感。基础信任可以通过发红包、送礼物等方式迅速建立起来，且社群活跃度好，但也有缺点，一旦停止利益输出，用户就会丧失热情，活跃度随之快速下降，甚至很快就会成为一个死群。

二是高度信任，在这一阶段，我们与用户的关系从利益关系升级为亲朋关系。要想让用户对我们的信任升级为亲朋关系，就要像亲朋一样去关心对方、帮助对方、陪伴对方。在这一阶段，我们要重点巩固与用户之间的情感关系，而不是急于从对方身上挖掘更多价值。

三是深度信任，在这一阶段，我们与用户的关系从亲朋关系升级为信徒关系，我们需要在用户感兴趣或关心的事物、从事的领域体现出比对方更厉害、更专业的水平和实力，才能让用户对我们产生深度信任，从而成为他们心目中的专家或偶像。

当我们与社群中的用户建立起了深度信任关系，那么社群营销也就变得更加简单容易了。

打造社群并不复杂,我们只要详细掌握以下十大步骤,就可以清晰设计出属于自己的社群运营系统方案。

(1)客群定位

客群定位,顾名思义就是确定我们的目标营销群体,从而为社群营销指明方向。在进行社群的客群定位时,我们要重点考虑三大因素:一是消费半径,尤其是线下提供服务类的产品,消费半径是非常重要的因素;二是消费水平,即要筛选出那些具有消费能力的客群,否则即便产品再好,营销再到位,用户没钱购买,一切都等于零;三是时间,人们花在社群划水、浏览上的时间是有限的,不同的人在社群中的上线、活跃时间也各不相同,只有挑选出合适的时间,才能保证社群的互动和活跃度。

(2)吸粉道具

吸粉道具,简单来说就是吸粉工具,既可以是实物礼品,比如各种各样的实物小礼品,也可以是诸如优惠券、话费、腾讯会员、游戏点卡等虚拟礼品,还可以实物礼品+虚拟礼品相结合。总的来说,越是立竿见影、越是能够直接解决问题的礼品,效果越好。设计引流道具要遵循三个原则:实用性强、成本较低,与营销商品相关度高。

(3)渠道筛选

社群吸粉的渠道很多,总体来说,可以划分为三大类:一是以老带新,也就是通过老客户介绍或裂变来吸粉;二是客流对接,也就是从别人的鱼塘中引流;三是自主开发,也就是自己去开发粉丝。三种渠道各有优劣,我们可以根据自己的社群营销需要选择适合自己的吸粉渠道。

（4）社群运营

社群运营水平的高低，直接关系到社群营销的成败，社群运营是一项非常有挑战性的工作，要求营销工作者不断提高运营水平，时刻关注社群运营新玩法，不断创新运营方法，以保持社群的活跃度。

（5）用户养熟

顾名思义，就是通过多种多样的互动以及活动等，把社群中的新用户变成老用户，把老用户变成元老级用户，不断加深用户对我们的信任程度。

（6）痛点挖掘

我们可以从产品本身的功效或独特卖点出发，来挖掘用户的痛点；也可以从性价比出发，去创造出产品的价格优势，用产品的优势去制造一个痛点。

（7）传递使命

在社群运营的过程中，我们要不断向用户传达自己的使命，只有这样才能不断提高我们的号召力，不断加深并巩固与用户之间的情感链接。

（8）实力证明

简单来说，就是产品的质量、企业的实力等，通过展示这些信息，让广大用户充分看到企业和产品本身的强大实力，为后期的成交打下坚实的基础。

（9）超级方案

用户购买产品的核心需求是为了解决问题，要想做好社群营销，我们就要不断主动为用户面对的问题提供超级解决方案。

（10）最终成交

社群营销的最终目标是促进商品的销售，因此成交率是检验社群营销好坏的重要指标，我们在运营社群的过程中，一定要努力不断提升商品的成交率。

4. 社群运营：得私域流量者得天下

在互联网时代，流量是直接关系企业生死的关键。在互联网电商时代，谁拥有更多的流量，谁能吸引更多流量，谁就能在白热化的竞争中占据优势地位，谁就能赚得盆满钵满，谁就能成为行业中的领头羊，流量为王是互联网时代的不二法则。

流量即力量，用户即"上帝"，只要掌握了流量，就有了用户，有了用户，就有了利润与生存发展空间。流量意味着体量，体量则意味着分量；用户聚焦之处，金钱必将随之。数字营销的本质就是获取流量。

如今，互联网红利见顶已经成为人们的普遍共识。10年前，中国网民数量仅4亿人左右，随便营销就能吸引到新用户、新顾客，轻松获取流量带来的红利。中国互联网络信息中心发布的第47次《中国互联网络发展状况统计报告》显示：截至2020年12月，中国网民规模达9.89亿，可以毫不夸张地说，今天的互联网已经几乎不存在"新用户、新客户"了。未来，随着人口老龄化加剧，我国人口总量呈现下滑趋势，网民总量也必然会随之衰减。就整个大环境来说，互联网的公域流量已趋于饱和，得私域流量者才能得天下。

私域流量是新的暴风眼、新的商业金矿。社群是企业打造私域流量的最佳营销方式，对于营销工作者来说，在数字营销时代，必须要具备社群运营能力。社群运营的核心是用户关系。用户相信你，愿意看你的营销信息，知道你真心关心他，觉得你是一个懂他的人，而不是一个冷血的机器。私域流量的最高境界，就是一个有血肉、生活、感情的专家＋好友。

小红书、抖音、微博、公众号等算不上私域流量池，只能算"混合域"。微博可以积累自己的粉丝，但微博流量分发很大程度还是掌握在微博的手里；企业公众号活跃粉丝数量少，打开率低于1%，难以主动触达用户，也算不上私域。兴趣和爱好者社区和社群等都是私域流量的存储器，社群运营可以大大提高消费者的黏性。

在传统线下商业领域，大家都知道生意要想长长久久，就不能做一锤子买卖，必须培养老客户，当信任你的熟客越来越多，那么生意自然就会越来越好。实际上，社群运营就是在网络上做"熟人""圈子"的生意，只要能够建立起信任，用户的复购率就能够支持我们把生意长长久久地做下去。

社群运营的本质在于和消费者建立更加紧密的关系，运用社群营销的策略可大大提高消费者的忠诚度。从微信生态到更多视频音频生态，从表达文字到表达视频，互联网技术的不断进步，使得更紧密的社群关系生态营销成为可能。

下面是关于社群运营的十条忠告，希望能够对营销工作者有所帮助和启发。

有复购的商品比较适合做社群营销，在社群运营中一定要根据自己的商品类别选择引流方式。

社群运营并不是孤立的,如果想做好就应该把公众号、App、小程序、社群等都串联起来,采用多种方式尽可能多维度触达用户。

社群运营属于社交电商领域,想和消费者建立信任,就要让商业味变淡。

要采用消费者分级制度,花钱多的消费者就要给予优待。

只靠套路和技巧,是很难经营好社群营销的,关键是要给消费者提供独特的价值。

虽然社群营销可以大大提高销售量,但不必把所有顾客都装进社群当中。

做社群运营,请先关注那些有高价值且愿意主动靠近你的客户,这些用户能够带给你更加惊喜的东西。

公域流量仍有价值,在做社群运营的时候,最好不要放弃公域流量的客户。

社群运营只是提升营销效率的一种方式,而并非唯一方式,选择适合自己的营销方式很重要。

如果你已经决定了要做社群营销,那么最好的时机是越早越好,想到就做到。不要推延,行动力就是生命线。

5. "活着"的社群才有价值

社群营销并不是一件容易的事情,不少社群经过一段时间的运营之后就会陷入用户活跃度低、运营不良等问题,甚至没多久就会彻底沦为一个

"死群"。只有"活着"的社群才有商业价值、营销价值。

每一个社群运营者最担心、最害怕的事情就是"群死了"。社群在建立、吸粉等阶段都需要投入或多或少的资源、人力、精力等,没有人愿意让这些投入打水漂。人有生老病死,社群也是如此,随着时间的推移,似乎社群总是会不可避免地陷入沉寂,直到死亡。

那么,社群死亡究竟是怎么一回事呢?

一般来说,每个社群的发展都遵循这样一个过程:社群用户不断增加,活跃度上升,呈现出欣欣向荣的气息;接着社群用户人数持续增加,但群活跃度不仅不再攀升反而出现下降,这说明社群已经处于饱和期;社群人数维持在一定水平,活跃期也基本上稳定,这说明社群已经进入稳定期;社群用户人数不变,活跃度下滑,甚至活跃度不断趋近于0,这时社群已经进入干涸期;社群用户人数断崖式下跌,社群死亡,即衰亡期。

前世之事,后事之师,要想让社群维持较好的活跃度,我们就必须要吸取教训。了解社群常见的死法,对于我们提升社群运营能力是非常有必要的。一般来说,社群的常见死亡有以下几种:

(1)与社群用户目标利益不一致

社群在拉新活动中,常常会宣称"动动手指赚大钱",在社群运营早期,为了获得大量粉丝,企业的拉新红利十分丰厚,这时用户十分乐于参加活动,社群活跃度也很好,但到了社群运营的后期,活动的红利力度减小,这群"羊毛党"用户的目标是"简单赚",而社群价值的输出为"简单难赚",就会导致社群活动没人参加,无人发言,流失用户越来越多,从而导致社群死亡。要想避免这种情况,我们即时以新的价值输出锁住人群而不是一味地用简单的金钱绑定,效果可能会更好。

（2）管理不力，广告充斥

社群运营是一件非常劳心劳力的事情，一旦在管理上松懈，就会造成无法挽回的损失。有些社群在后期开始逐渐出现管理不力，最突出的表现即是涌入了很多发小广告的营销号等，整个社群中，到处都是五花八门的小广告，整个社群演变成一个广告垃圾箱，如此一来自然会导致用户流失，从而死群。

（3）没有价值输出

社群的活跃依赖于长期的、稳定的、持续性的价值输出，这里所说的价值，既可以是新的学习点，也可以是利益，或者仅仅是简单的社交愉悦，倘若没有价值输出，就算短期拉新活动吸引了不少用户加入，那么这些人在度过了初期的新鲜劲儿后，就会逐渐变得沉默，从而导致社群活跃度下降，直到成为一个彻底的死群。

（4）可替代性高，没有独特点

如今玩社群营销的企业实在是多不胜数，五花八门的各种社群、小程序等，让普通大众实在是不胜其扰，有些人光手机上的各类App、小程序就多达十几个甚至几十个，在这样的大背景下，那些可替代性高、没有特点的社群自然会被大众所摒弃。

只有"活着"的社群才有商业价值、营销价值。无数社群运营的实践表明，那些活着的社群都具有一些共性：一是社群所倡导的价值观与用户的价值观统一，社群的目标明确且与用户的目标相统一；二是社群可以持续进行价值输出，社群中的用户可以在社群中感受到自我；三是社群有一定的门槛和规则，而不是为了吸粉什么门槛和规则都没有。

持续性的价值输出，是让社群保持活跃度的关键，这就需要营销工作者要深挖社群用户的心理需求，从其需求出发，不断为其提供更新、更好的社交体验，更专业、更系统的知识或专业帮助等。我们可以根据营销的内容以及产品等，为广大用户提供一些周边性的公益咨询、真假鉴定、维修养护等相关服务，成本既不高，又能培育潜在消费者，还可以向社群用户输出价值，可谓一举多得。

6. 裂变：扩大社群营销力

要想在社群中扩大营销力，获得更高关注度、更多流量，进行裂变矩阵式发展是不错的方式。那么，如何通过裂变在社群中扩大营销力呢？

以群裂变为例，这是一种最原始、最常见的裂变模式，其内在逻辑很简单，即通过用户转发来实现裂变，用户只需转发视频或海报即可，用户的好友在看到转发的内容后，会根据自己的需求或是否感兴趣的情况进行点击、收藏或扫码等，裂变由此产生。可以想象一下，大量的用户转发，每个转发的用户背后又有着少则几十人多则几百人的潜在用户群，哪怕只有少部分用户参与转发和点击，其裂变的能量依然非常惊人。这种转推裂变是一种非常快速、有效、简洁的裂变营销方式。

接下来，我们一起学习裂变的操作流程。不管是哪一种裂变模式，不管是群裂变还是在社群中的裂变，透过现象看本质，都是策划活动，都包括前期、中期和后期三个不同的阶段。

一般来说，前期工作包括四个方面：一是针对用户开展详细、具体的调研，真正了解用户的需求；二是明确了需求之后就需要梳理出活动的路径、细节、关键环节等；三是活动方案齐备确定后，任务和人员的分工也至关重要，在任务分配时要做到每个环节都有专人负责，防止出现权责不清、责任中空地段，以免影响活动的后期落地执行；四是筛选并确定好渠道，并严格按照排期进行推广。

中期的工作主要是执行与运营，执行很简单，即按照前期制订的完整活动计划，从时间、节奏到方案都按部就班、不折不扣地执行即可，此阶段运营工作是难点，运营工作的核心是关注裂变的情形，做好老用户的留存工作，尽可能多地吸引新用户，与此同时还要想办法增加转化率，切实提高商品的销量等。一个优秀的营销人员，可以同时借助彩蛋、抽奖、渲染气氛、分段直播、维护流量池等多种多样的方式，来实现最终的营销目标。

后期即活动数据收集分析、查找不足等收尾工作，要做好整个裂变活动效果的评估和原因分析，为今后的营销活动策划提供有效参考和有力依据。

"射人先射马，擒贼先擒王"，要想做好裂变的营销工作，就一定要抓住关键点。在整个裂变流程当中，有三个必须重点关注的关键点。

（1）种子用户

所谓"种子用户"，简单来说就是忠诚度、黏性都比较高的老用户，有些营销人员，会把种子用户直接等同于老用户，这种认知是非常片面的，有些则直接将种子用户作为留存用户，要避免陷入这一误区。

在裂变过程中，种子用户是裂变第一次启动所需要的参与者，既可以是老用户也可以是新用户，但关键是要满足两个条件：一是质量要好，二是数量要大。只有质量好的高黏性用户才能持续扩大裂变的影响力，参与裂变的种子用户数量越多，裂变的势能就越高，裂变的效果就会越好。如果不能满足这两个条件，二者满足其一，也可以实行。

（2）运营

运营是一件非常考验能力的事情，运营的好坏直接关系到整个裂变流程的成败。在运营的过程中一定要防截流，避免出现干扰性因素，如过多无关广告、突发意外等，以李佳琦直播不粘锅为例，不粘锅出现了粘锅这一意外情况，导致进入的大量流量都在关注直播翻车一事而不再关注商品本身，这就是截流现象。只有无干扰，才能顺利地让涌入的流量去到预定的方向，从而实现营销信息的更大范围传播。在运营开始之前，务必要做好预判工作，不管是短时间大量流量涌入的运营压力，还是流量进入情况不佳需调整运营策略等情况，都要提前做好预案，以免届时手忙脚乱或服务器崩溃等造成流量损失。

（3）台本

裂变是否顺利，效果是否达到了预期，这与传播内容本身的质量有直接关系，营销台本优质，营销内容吸引人，那么内容本身就会成为裂变的强大推动力，从而火起来。所以在制作用于裂变的视频或图文海报等材料时，一定要精心打磨台本、文案，用好引导用户的话术，可以适当借鉴一些裂变活动的表达公式，如"痛点+预期+解决方案"等，为了引导用户进行扩散转发等，我们可以通过制造紧迫感实现自己的目的，如限时转发有礼品，转发的前某某名可获得某某元优惠券等。

在数字营销时代，只要我们不断输出价值，就可以实现不断裂变，在营销工作中，一定要做好忠诚度高的活跃类用户和粉丝的相关促活工作，他们是裂变的基础，也是影响裂变效果的成功因素。

营销的原点：如何培养一个人的营销思维

【营销锦囊】

在流量越来越贵的用户存量时代，内容社群就好比一个蕴藏着巨大流量的蓄水池，这里的用户因"兴趣"或某种共同点而聚集在一起，对于营销人员来说，社群是再优质不过的用户群体，与在茫茫互联网大海中向分散用户传递营销内容相比，到与自身产品相匹配的特定社群中进行商业营销显然更有价值，找到了内容社群就相当于挖到了一个可持续发展的固定用户群。

社群是企业打造私域流量的最佳营销方式。社群运营的核心是用户关系。用户相信你，愿意看你的营销信息，知道你真心关心他，觉得你是一个懂他的人，而不是一个冷血的机器。私域流量的最高境界，就是一个有血肉、生活、感情的专家 + 好友。

第十章　直播营销：最热门的营销方法

1. 直播：开启三次元营销新时代

2020年6·18期间，京东联合抖音、快手、B站、微博等20余个平台开启1000多场次直播，探索电商直播新形态，联手1000+品牌为消费者带来身心愉悦的购物体验。此外，还有100多位顶流明星空降直播间互动，随机为粉丝们清空购物车或解锁冰点折扣。当优质的直播内容遇上海量的低价优品，新的电商活动主场迎来一场史无前例的狂欢。

依托京东庞大的带货主播阵容和供应链能力，京东深化"品质直播"战线，破除单一的直播带货买买买模式，在更丰富的场景中为消费者提供优质购物体验。

这次6·18的大规模直播贯穿大促全程，白小白、小沈龙、二驴的、驴嫂平荣等网络红人和演员张庭夫妇等主播天团空降直播间，以晚会的形式为用户们开启6·18直播间狂欢。

实际上，京东早已开始打造内容生态的实践，与多个内容平台展开了

多种形式的合作，覆盖直播、短视频、图文种草、音频等领域，其中直播更是重要的布局点之一。

在大视频时代，做商业就是做视频，做营销就是做直播，谁直播做得好，谁就能够给消费者提供更丰富的消费场景，从而实现商业上的成功，"直播营销"已经成为当前最热门的营销方法和手段，这是一场三次元的营销新时代。

通过直播的形式，李佳琦短短5分钟就卖出了15000支口红，如此惊艳的数据背后，是直播营销的巨大商业潜力。

据《2020年中国网络视听发展研究报告》披露，截至2020年6月，中国网络规模为9.4亿，网络视听用户规模达到9.01亿，网民使用率为95.8%；在网络视频用户中，60.4%的用户"每天都会看"短视频节目，18.2%的用户每天看段视频的时间在2小时以上。网络视听正变为大众娱乐的刚需，视频也成为各类企业营销的重点抢占战地。

视频的传播方式是"face to face"，这种传播方式是最接近人类传播最初形态的，也是比文字、图画更易被大众所广泛接受的更优质、更高级的传播载体。当今几乎所有媒体机构都高度重视视频，可以说"无视频，不传播"，在营销领域，"无视频，不营销"已经成为现实。

今天，图文的二次元表现方式已经远远不足以满足人们对商品或服务的认知，在营销领域打破图文二次元传播为主的营销模式是一种必然，不断提升的网络传播速度，不断升级的大数据分析技术，五花八门的直播平台等，为"直播"这种三次元营销方式的崛起创造了条件。

在大视频时代，单纯使用文字、图片注定不会有什么好的营销效果，做直播、做优质直播，这才是最明智的营销选择。

当绝大多数网民在刷视频，懒得看文字、看图的时候，固守在文字、图片表达方式上的营销模式是没有未来的。把既有的不同表达方式的营销内容，重新用直播再做一遍，用如今消费者们最喜闻乐见的方式呈现出来，这在营销领域中是非常有价值的，二次元营销时代正在成为过去，三次元营销时代已经到来。

以淘宝为例，直播大大提高了流量的转化率，据相关数据显示：相比单纯的图文，淘宝上直播可以帮助商品提高20%的转化率。弹幕、表情包、漫画式的旁白……今天的直播在不断翻新着各式各样的表现方式，多种多样的录制思路，不同受众们不断变化的口味等，都是做直播营销必须要考虑到的问题，只有与时俱进、紧跟受众，才能不断提高商品的曝光率、转化率、成交率，进而大大提升营销的效率。

直播时代的到来，让各类直播平台成为互联网上的流量大本营，随着贴吧、论坛、QQ空间等"老派"网络社交空间人气不断流失，聚集大量流量的直播空间成为新的数字营销空间，网红带货直播、以李子柒和手工耿为代表的个人直播等，都具有非常重大的商业营销价值。整个互联网营销世界，逐渐演变成了一个个频道，多种多样的视频汇集成五花八门的营销空间。

在今天这个三次元营销时代，你可以拒绝某个直播平台，但谁也无法拒绝直播这种营销方式。迎接数字营销的直播浪潮，你准备好了吗？

2. "五步法"设计直播营销

李佳琦、薇娅直播间频现明星；碧桂园在抖音上直播卖房；县长们纷纷走进直播间带货扶贫；央视最强天团——康辉、撒贝宁、尼格买提、朱广权搭档北京卫视主持人春妮直播带货一战成名……

进入2020年以来，由于新型冠状病毒肺炎疫情的影响，各行各业都受到了不同程度的影响，在这种情况下，"直播"却是一枝独秀，成为整个互联网上热度最高的词，也成为各类商家力挽狂澜的重要营销手段，不管是化妆品、农产品等日常消费品，还是车、房等大件商品，纷纷瞄准了直播营销这一领域。

2020年4月1日，"淘宝直播卖火箭"的新闻刷爆全网，更令人不可思议的是，火箭销售链接上架后5分钟内就有800多人拍下定金。直播成为新经济业态、数字营销新渠道，万物皆可播。新型冠状病毒肺炎疫情的蔓延加速了直播营销的发展，让直播营销成为一个不得不做的商业新机遇。

无直播，不营销；无直播，不商业。可以毫不夸张地说，直播已经成为当前最为火爆的营销方式。

从商业角度来说，直播营销之所以能够火爆全网，这与它自身的优势是分不开的。直播营销彻底改变了图文静态展示商品的方式，以淘宝直播为例，女主播可以在直播中全方位、立体地展示商品，在展示的同时可以通过语言、表情、肢体动作等为观众们传达更有温度的信息,并且双方可以即时进行互动,这可以为用户带来更好、更新的购物体验,可以大大提升营销效率和转化率。

我们非常熟悉的抖音视频,平台融合了娱乐、消遣、购物等功能,已经打造形成了一个全新的购物场景,用户在这里既可以发布分享自己制作的视频,获得他人的关注和点赞,甚至将流量变现,还可以观看自己感兴趣的视频、直播,此外还能购买商品或售卖商品,整个过程只需一部手机就可以搞定,地铁上、公交车上、户外随时随地都可以借助手机完成观看视频、下单付款等一整个消费过程。

直播营销使得更加精细化的多层次营销成为可能,可以大大提高存量用户的开发效率和营销精准度。身为营销工作者,掌握直播营销方法已经成为必备的工作技能,那么直播营销究竟要如何设计呢?

(1)定位

直播营销的第一步就是找准定位,既要考虑到未来的发展战略,所营销产品的品类特征等,又要体现出直播的个性化特质,如主播的兴趣爱好、个人核心能力、个人丰富经历等,除此之外,直播营销的定位还必须与社会主流价值观相契合,与社会经济发展方向相吻合,不触犯法律、道德底线等。只有明确了直播营销的定位方向,我们才能清楚地知道往哪里走。

(2)内容

打造直播营销离不开内容的呈现,采用什么样的内容风格,筛选哪些内容,怎样表现内容等都会直接影响到传播效果。要尽可能选择那些更利于社会化传播的直播内容,在传播目标范围内,寻求与意见领袖大V、定位准流量大的平台等进行合作,可大大提升直播内容的传播效果。

(3) 传播路径

一场直播营销能否成功,信息的传播路径至关重要。在融媒体成为传播主流的今天,仅在单个直播平台上进行直播,显然不是什么好主意,一定要组建多元化的传播路径,如建立企业"直播间传播矩阵",使用多个不同的账号在不同的直播平台上同步或错峰进行传播等。总之,要根据目标客户群以及直播营销的特征,制定出适合企业自己的传播路径。

(4) 落地实施

一般来说,在落地实施前,我们都会专门做一个直播营销的计划,但在实施的过程中,一定要灵活,年度传播计划、月度传播计划等显然并不适合瞬息万变的互联网,也不符合互联网随时、随变的传播要求,这就要求我们在实施直播营销计划的过程中能够随机应变。

(5) 扩大传播

扩大传播范围、提升传播效果的方式很多,但成本最低、效果最好的是借助社会突发热点的传播力量,不妨把自己要传播的内容与当时的网络热点、网民热议的话题等进行契合,这种做法可以达到很好的传播效果。

3. 直播营销的六大方式

直播营销的方式多种多样,一般来说,最为常见的营销方式有以下六种:

(1) 砸钱推广

目前,市面上有不少专业的直播推广公司,这些公司可以为直播间、直播内容提供一条龙式的推广服务，包括：点关注、点赞、分享作品；给评论区粉丝点赞，给直播间引流；搜索直播作品或主播、关注私信；给准客户批量发私信引流；锁定抖音号截留其他主播的所有粉丝，锁定其直播间引流到自己直播间；搜索关键词、锁定地区、识别男女、过滤粉丝量……

寻求这些专业推广公司的帮助，是可以快速涨粉的好方法，不过各类推广公司收费标准不一，营销人员在选择的时候，切忌"贪多"，还是要根据企业直播间的情况以及经济预算等，争取做到利益最大化。

（2）神秘营销

人人都有好奇心，神秘营销可以充分调动起粉丝们的好奇心，从而增加忠诚度。比如，我们可以安排几个粉丝在粉丝群里放出模糊消息，再如今晚直播活动有神秘大奖；据说直播间请了一个重量级神秘嘉宾等。受到好奇心驱使，群里的其他成员往往会围观起哄，相互交流起哄甚至是打赌等，如此一来粉丝们自然会积极去看晚上的直播活动了。

（3）明星营销

不管是在电视广告雄霸天下的过去，还是在视频直播成为全民关注焦点的今天，明星营销一直是"热度看得见"的最佳营销方式。如今，各路明星纷纷走下荧屏，像各路网红一样开直播，直接下场带货，让我们来看看明星营销在播商时代的巨大影响力。

郭富城与快手电商达人辛巴合作，5秒卖出5万瓶洗发水；李湘淘宝直播间2小时卖出价值一个亿的美的空调；王祖蓝在快手上直播12分钟卖出10万份面膜，成交额660万元；刘涛直播带货卖房，百万公寓10秒卖10套，其中最贵的价钱高达528万元，最便宜的也要386万元……

"明星+直播+电商"的形式,正在极速颠覆直播、电商、明星三个领域的传统业态。自带流量和话题的明星,在直播营销方面,远远要比普通的小网红、小主播更具优势。

(4)情感营销

怀旧情绪、初恋情绪、对田园生活的渴望、对新鲜事物的好奇、对异域景物的兴趣等都可以作为情感营销的切入口,比如李子柒直播的爆红就是满足了当下大众对田园生活向往的精神需求。消费者的情感需求是多种多样的,我们要根据自身产品的特征和主播的实际情况,制定与之相适应的情感营销策略,只有这样才能把情感营销的作用发挥到极致。

(5)对话营销

对话营销,顾名思义就是指商家在面对买家时以特定称呼相称,在与用户之间的沟通中让品牌和商品不断被熟悉、被接纳。

对话营销是快速拉近人与人关系和距离的有力武器。大众熟知的"良品铺子",其营销上的成功就离不开对话式营销。以良品铺子2019年的双十一为例,从10月中旬开始,良品铺子就开始在网上借助视频直播的方式来"热场",先后在抖音、秒拍等自媒体平台上,发起了一个"零食金句"的热门话题。比如:"什锦话梅+风琴鱿鱼+甘栗+香辣卤藕+小米锅巴+小甘薯(地瓜干)+橘片果捞+酸爽VC糖"的零食礼包,每个零食各取一个字,利用谐音组成"没有理想,过得巨爽"的金句;"薄(宝)皮核桃+开心果+开口笑甘栗(里)+苦荞萨其马"的零食礼包,每个零食各取一个字,利用谐音组成"宝宝心里苦"的金句。

这种与广大用户有趣的对话方式,迅速在视频直播领域掀起热潮,抖音、秒拍网红主播纷纷加入,"一字一景"的抖音、"零食比你脑洞大"

零食金句超短小视频、《来马爸爸的办公室一趟》视频等,良品铺子结合零食金句,借助视频直播的传播优势,迅速吸引了大批消费者的关注和互动。

(6)活动营销

活动营销,顾名思义就是企业通过介入重大的社会活动或整合有效的资源策划大型活动而迅速提高企业及其品牌知名度、美誉度和影响力,促进产品销售的一种营销方式。简单地说,活动营销是围绕活动而展开的营销,以活动为载体,可以使企业获得品牌的提升或是销量的增长。

活动营销的本质是通过用户的参与感来给产品增加附加值。"也许世界上也有五千朵和你一模一样的花,但只有你是我独一无二的玫瑰。"正如小王子所说,哪怕有再多的玫瑰,他亲手浇水、捉虫、照顾的玫瑰花也是独一无二的。因为"参与"所以"独特",让消费者参与进来自己动手,可以在无形当中增加产品在消费者心目中的价值,如小米举办米粉节向大众征集创意,这就是一个典型的增加用户参与感的方案。

4. 直播营销的策略组合

在"互联网流量见顶"的后商业时代,流量竞争将会越来越激烈,流量成本也在不断增加,依靠直播营销来打造差异化,已经成为一条绕不开的营销之路。截至目前,直播的应用场景早已经远远超出了泛娱乐的范畴,几乎涵盖了所有的商业品类,包括食品、服饰、化妆品、家用百货、家具家装、汽车、房产、金融等,可以毫不夸张地说,覆盖了人们生活的方方面面。

在直播愈发火爆的当下，各行各业都在寻求与直播的营销"链接点"，这意味着直播营销的策略选择就变得非常重要了。一般来说，直播营销很少会单一采用某一种策略，而常常是多种营销方式、不同营销策略齐上阵。营销人员要对直播营销方式、直播营销策略有充分、深刻的认识，并能够根据营销需要，进行不同营销方式、营销策略的组合运用。

不管直播营销的策略和方式如何组合，但其核心都是粉丝，做好维护粉丝是直播营销的重要工作内容之一。与QQ、微信等社交软件不同，网络直播在下播后，我们是看不见粉丝的，倘若好不容易积累起来的粉丝，在非直播的时间脱粉怎么办？

对于视频直播来说，只有在直播间时，我们才能与自己的粉丝充分建立联系，而一旦下播了则会失去对粉丝的掌控和了解，这也正是直播营销维护粉丝的难点所在。

在直播时，我们可以与自己的粉丝团密切联系，以抖音为例，打开抖音的直播间，然后在直播间左上角位置，点击主播的头像，接着在直播间底部打开的弹窗中，就可以看到对主播的基本介绍，其中就包括粉丝团人数。

一般来说，绝大多数直播间会通过建粉丝群的方式，来应对下播后看不到粉丝的问题，既可以在微信上建立粉丝群，也可以在QQ中建粉丝群，每次在直播的过程中，可以热情邀请粉丝们加入自己的粉丝群，每次直播之前，可以在粉丝群中发直播时间预告，请大家捧场。

那么，直播营销维护粉丝究竟要怎么做呢？下面给大家分享五种非常实用的小方法。

（1）欢迎新粉丝

对于刚刚加入的新粉丝，一定要设置正式的欢迎仪式，给予其充分的人文关怀，满足粉丝的归属感和认同感需求，帮助新粉丝快速消除对粉丝群的陌生感，这样的做法可以迅速与新粉丝建立友好密切的联系，能起到立竿见影的维护粉丝效果。我们不妨在入群欢迎语上下点功夫，可以根据目标客户群体的特征和喜好，设置他们会喜欢、会感到亲切的欢迎语，如"叮咚！某某家粉丝群又来了一位新成员，能加入本群，你真的非常有眼光哦！""全体成员请注意，全体成员请注意，列队欢迎某某来到某某家粉丝群。"

（2）展现群文化

群文化可以创造良好的群氛围，加强粉丝的黏性。那么怎样展现群文化呢？一般来说，群文化主要可以为广大粉丝提供三大价值：治愈陈年的无聊；拓宽人脉；寻找心灵的栖息。我们要本着满足粉丝的这三大需求来打造独一无二的群文化。展现群文化的方法很简单，根据我们对粉丝群的定位，结合粉丝们关注的价值点，专门提炼一些能体现群文化的广告语或口头语，如"天南海北，某某最美""我们的口号是，只买全网最低价""让我们一起体验撸羊毛的快乐吧"。倘若有条件的话，还可以专门设计一些本群特色的表情包等，然后在不同的聊天场景多次重复发，就会逐渐形成群文化。

（3）合理修改群名

在建立直播间的粉丝群时，一般都会反复斟酌考虑后确定群名。群名不宜频繁修改，但在特殊时间，合理修改群名，可以增加粉丝的黏性。比如直播间开播周年庆等，临时修改群名，会引起群员的好奇心，好奇心是

有效开展活动的第一步!

(4)定时清群

粉丝数量固然重要,但粉丝质量更重要,再多的僵尸粉也不如数量不多的死忠粉,所以在维护粉丝群时,需要定时清群,达到优化粉丝质量的目的。清群有话术,比如"今晚 20:00 开始清群,各位新进来的朋友请把某某截图发到群里,没有发的一律清出群"。

(5)提前预热

在开展直播营销活动时,尤其是重大的活动,一定要在粉丝群里提前预热,比如通知粉丝们晚上直播某某点会下红包雨、某某时间会免费派发某某礼品等,提前预热可以吸引粉丝去观看直播内容,从而起到维护粉丝、固粉的目的。

5. 直播活动营销的引流方法

没有流量的直播营销,是没有任何商业价值的,直播活动营销,我们首先要做的一件事情就是引流。对于直播活动营销来说,能否吸引观众、积累粉丝是直接决定直播营销效果的关键因素。实际上,直播活动营销引流是有一定技巧的。

(1)巧借直播介绍引流

打开直播平台,我们很容易发现很多直播视频的界面有一段简短的介绍。我们可以借助直播介绍来引流,直播介绍可以让大家在快速浏览时看到直播频道的内容以及精华,从而给其留下更深入的印象,增加其进入直播间的概率。一般来说，直播介绍要写明自己的直播特点，比如"周一答题赢礼品""周二互动游戏""周三砍价集市"等，让粉丝立刻了解你的风格，从而愿意主动关注，并形成持续化关注。

直播介绍尽管十分简短，通常只有百十字，但其作用却是非常明显的，一个账号的基础简介，一段直播视频的集中说明，可以让粉丝在海量直播间中快速找到你，能够起到有效快速引流的作用。如果是企业单独开通的营销直播间，那么就更要在直播介绍中好好花费一番心思，倘若是与主播合作的短期直播活动营销，那么则要做好直播活动的预热和宣传工作，以保证正式直播活动时的热度。

（2）使用昵称评论来引流

对于刚刚开播的企业营销直播间来说，一切都是从零开始，粉丝数量不足，这时候要想直播时不冷场、不空场，我们可以通过昵称评论的方式来给自己的直播间引流。具体的操作步骤如下：

首先，注册直播小号，在拟定昵称时要尽可能与网红、明星等直播大号类似。接着，使用大号直播，用小号评论。这种使用名人效应的方式，可使你的直播涨很多粉丝。最后，借助优质的直播内容来巩固新涨的粉丝。如此一来，昵称的引流作用就显而易见了。

（3）直播大号评论引流

在直播领域，有很多网红主播，这些主播每场直播观看人数动辄上千万人、几百万人，这就为我们评论引流提供了机遇。用直播大号评论引流的具体操作步骤如下：

首先进入直播大号聊天室；在名人直播提问时，使用直播大号，经常性地作出回答，实现互动，引起关注；适当给名人送礼物刷存在感，向名人提问,寻求答案,名人一旦作出回答,我们的账号引流也就可以充分享受名人效应了;仔细聆听名人直播,寻找适当的时机,推广自己的直播号。比如在付园慧直播时,评论说"超爱游泳,经常直播分享游泳知识干货,有兴趣的可以关注我"。

(4)与粉丝评论互动

如果我们是企业新开通的营销直播间,没什么粉丝,也没有多少评论,这时我们不妨专门找几位亲朋好友、同学、家人等,进入直播间观看直播,并专门留下评论,为我们与粉丝互动留下机会。

用与粉丝互动的评论形式,来介绍企业直播间的内容和形式,可以让直播间显得更有人气,同时可以有效带动陌生用户在观看直播时主动向我们提出问题。与粉丝评论互动,是借机宣传企业直播账号和直播内容的好机会,可千万不要错过哦!需要注意的是,在引导大家参与直播互动或直播讨论前期,我们最好不要加入太过明显的广告营销信息,以免造成"赶客"效应,让好不容易吸引来的观众快速流失。

此外,我们还可以借助其他的方式来引流,比如"派发红包""派发礼品";邀请知名度高的自带流量的直播嘉宾;在直播内容中制造噱头;直播当前网络最热点的相关信息等。我们还可以与其他直播间建立互助合作关系,比如把商品的销售权给对方为条件,置换对方给自己的产品做直播营销的机会,如此一来既不用额外投入金钱,还能达到扩大营销范围的目的。

直播引流的技巧和策略是多种多样的,有些需要一定的金钱或资源投入,有些则只需要投入一定的时间即可,在实际直播活动营销过程中,我们要善于总结经验、摸索方法,不断丰富自己的直播引流方法库。

【营销锦囊】

在大视频时代，做商业就是做视频，做营销就是做直播，谁直播做得好，谁就能够给消费者提供更丰富的消费场景，从而实现商业上的成功，"直播营销"已经成为当前最热门的营销方法和手段，这是一场三次元的营销新时代。直播营销的方式非常多：砸钱推广、神秘营销、明星营销、情感营销、对话营销、活动营销，总有一款适合你。需要注意的是，不管直播营销的策略和方式如何组合，但其核心都是粉丝，做好维护粉丝是直播营销最重要的工作内容。

营销的原点：如何培养一个人的营销思维

第十一章 故事化营销：让你的营销更深入人心

1. 营销因故事而生动

看见好朋友送的礼物，你是否会想起友情中的点点滴滴；看见街上走过一群穿着校服的青葱少男少女，你是否会想起自己的校园时光……在特定的场景中，人总是会"触景生情"。一个高明的营销人员懂得用这种"情怀"去打动人心，其实从本质上来讲，营销就是讲故事，我们把故事讲好了就能触动客户内心最柔软的部分，从而取得出乎意料的营销效果。

其实，已经有不少营销人都意识到了"情怀"对客户购买行为的积极影响，并将这一心理原理引入营销理论当中，最终形成了"故事营销"。所谓"故事营销"就是用故事去影响广大受众，让广大消费者在听故事的过程中，产生与记忆深处的共鸣，进而增强购买意向的一种营销办法。

德芙巧克力，相信大家都不陌生，不过你知道德芙为什么能够成为特定的"示爱"必买礼品吗？这与"讲故事"分不开。

德芙的英文是Dove，其实巧克力只是一种很单纯的食品，但德芙却

用"讲故事"的情怀式营销，将这一食品与爱情紧密地联系了起来，德芙也借此成为销售大赢家。

在德芙的品牌故事中，英文 Dove 有着一段特殊的来历。厨艺精湛的糕点师爱上了他所服务的贵族千金，身份和地位的巨大差距，让糕点师黯然神伤。经历了无数次的辗转反侧后，糕点师最终决定要向贵族千金表白，于是他便精心制作了一款巧克力，并将心意——Do you love me 隐含其中。为了避免暴露，糕点师对"Do you love me"进行了简化，每个单词中都选出了一个字母，最后变成了"Dove"，并万分期待自己的心上人可以一眼看懂自己的心意。

这个甜蜜又充满了"惴惴不安"的故事，非常容易勾起人们的思绪。"我暗恋的姑娘会不会喜欢我？""我的心上人是否知道我深爱着她？""怎样让她知道我的心意又不会唐突呢？"……送德芙巧克力。这就是故事营销的巨大魅力。

与枯燥的产品营销相比，显然故事更能吸引人的注意力，情怀更容易触动人们的内心。所以一个优秀的营销人员也是一个善于讲故事，善于"营销情怀"的人。那么，怎样才能用好故事营销这一撒手锏呢？

（1）故事要有文化价值内核

要想把营销故事讲得够感染人，就一定要有文化和价值内核。一个肤浅的、没精神内核的故事难以长久流传，往往是人们听过也就忘了。营销故事的文化价值内核，不能想当然，而是要根据企业的发展愿景、产品定位、企业文化、大众的认知等多方面因素，去综合提炼，挖掘出符合企业、产品、大众的内核，内核确定后，以内核为中心去塑造的营销故事，才是有生命力的故事，才能起到更好的营销效果。

（2）积累故事素材

故事要想讲得好，首先要有东西可讲。要想讲好故事，需要积累故事素材，即产品的前世今生，公司的发展历程等，只有这样我们才能有故事可讲。此外，讲故事也是有技巧和章法的，同样的故事不同的人讲，效果也会非常不一样，在讲故事的过程中融入充沛的感情是非常重要的，这直接决定着我们能不能唤起客户内心的"情怀"，直接影响着最后营销的成败。

（3）灵活运用

就像学生时代的背书一样，有些同学虽然能准确无误地将整篇课文背诵下来，但却完全不知道什么意思，对于文章所传达的东西一无所知。几乎任何一个营销人员在经过短暂的学习之后，都能精准无误地说出产品的各项卖点，但并不是每个人都能做好产品的宣传，这就涉及灵活运用的问题。营销是讲技巧的，讲故事也是有章法的，当我们的产品知识积累扎实后，就要试着运用策略来"构建"营销"故事"。比如主打高端的产品，其目标客户是不差钱的人，这时我们就要依据产品编织出一个显得"有品位""高贵""奢华""雍容""不同凡响"的"故事"；如果是低端产品，其目标客户是经济一般的普通人，那我们就要将产品表述成为"物美价廉""结实耐用"的"故事"。一句话，营销的目标客户群体是什么样的人，我们就要讲什么样的故事。

2. 故事化营销的优势是什么

故事是人类最早的沟通方式，故事化营销，顾名思义就是把故事运用于商业营销的多个环节中的一种营销方法。国外营销界普遍认为：故事化营销适用于产品相对成熟的阶段，尤其适合品牌塑造，在塑造品牌时使用故事的形式可以为品牌注入情感，让品牌拥有核心文化，且能够在营销过程中，通过故事来释放品牌的核心情感能量，从而打动消费者，使产品在保持稳定销量的过程中出现爆发式的增长。

没有人可以拒绝故事，故事具有四项基本功能，即精练信息、赢得关注、获取信任、唤起情感，这恰恰与营销传播所追求的效果完全一致。可以毫不夸张地说，在所有与用户进行沟通的营销形式中，只有故事可以自然、单独、一气呵成地达到营销传播所想要的效果。

故事化营销具有自己的独特之处，与其他营销手段不同的是，它的主要诉求是一种情感，且会把这种情感融入品牌的各项建设和产品的实践营销中，它的神奇之处在于，可以赋予产品更多的内涵和人性化特质，在故事的加持下，产品可以超越其本身的物理属性，成为更具感染力、更具吸引力、更具人性气质的存在。

我们众所周知的奢侈品，其营销方式都离不开故事化营销。故事化营销对于奢侈品行业有着十分特殊的作用，几乎每一个奢侈品牌，都会通过故事营造一种独特氛围，这种独特氛围与他们的目标消费群体存在精神上的共鸣，从而激发他们的购买欲。一般，高附加值的产品，都非常适合采用"讲故事"的营销方法。

那么，故事化营销的具体优势都有哪些呢？

（1）永不过时

数字时代的营销方式日新月异，昨天软文营销还在大行其道，今天所有的企业都一窝蜂扎堆开始直播营销。事实上，不光时装行业存在衣服过时的问题，在营销行业也存在营销内容、营销方式过时的问题。而故事化营销的一大优势就是永不过时，故事对于人类来说是一个永恒性的话题，故事中所呈现出来的文化内核和情感，也是人类永远不可割舍的一部分。在互联网时代，使用故事化营销可以实现营销上的积累。我们可以在互联网上一步一步构建产品的故事、品牌的故事、企业的故事，当故事越来越多，当不同的故事逐渐可以形成一个承前启后的系列故事，那么这些累积起来的故事就会成为企业的优质内容资产，更大限度地增加产品或品牌的曝光率，还可以换来广大用户的信任度和忠诚度。

（2）无孔不入

故事化营销比其他营销方式更能够做到无孔不入，从报纸、杂志，到电视广告、电台，再到碎片化的直播短视频，可以毫不夸张地说，哪里都可以是故事的主场。借助现代化的技术手段，我们还可以把故事讲出新花样，弹幕、漫画、动漫、多屏互动、碎片化触媒、跨媒体叙事，等等。故事是一种适用性非常广的营销方式，可长可短，可振奋可感人，基本上不受媒体传播方式或营销渠道的影响，不管是什么样的渠道，不管是什么时候的营销，故事都是无孔不入、不惧时间的最佳选择。

（3）想讲就讲

互联网使得整个电商经济成为长尾经济，在互联网时代，精英的影响力被无限弱化，草根的力量开始崛起，每一个个人，每一个企业都可以通过自媒体来输出有价值的内容，都可以通过给广大受众提供帮助来获得信任和好感。这是一个最适合讲故事的时代，也是企业讲产品故事、营销故事最便利的时代，且这种方式成本低，营销效果好，没有多少限制，可以说用讲故事来营销，想讲就讲。

（4）社交需求

人们在社交平台上不想看广告，而是希望获取知识、有价值的信息或娱乐，故事化营销则很好地与大众在互联网时代的社交需求相一致。好的故事，必然随着社交平台关系链中的各类推荐、互动、转发、评论等，从而在更大范围内传播。故事化营销的优势就在于，被故事化的营销信息，大众接受度高，能够自由穿梭在需要它们的互动社交用户的信息纽带中，这意味着被故事化的营销信息将在社交平台的作用下快速传播，甚至在极短的时间就演变成席卷全网的热潮。

"钻石恒久远，一颗永流传"，一个好的故事直接让钻石成了忠贞不渝的爱情见证；张瑞敏怒砸冰箱，一个好故事让人们相信了海尔产品的优良品质……故事化营销的威力由此可见一斑，毕竟没什么比讲一个精彩故事更有吸引力。

营销的原点：如何培养一个人的营销思维

3. 故事传播的四个关键点

这是一个信息爆炸的时代，互联网上充斥着数不清的各种信息，五花八门的广告无处不在、无孔不入，每一个身处这个时代的人，每一天都要接触成千上万的营销信息。有调查显示：中国平均每人每天可能要面对1000条广告信息。

在高密度的信息轰炸、高频次的广告骚扰下，大众对于信息变得越来越麻木。这就使得营销变得更加困难，对此有些营销高手认为：想让大众记住品牌，30秒广告最好提3次品牌，15秒广告最好提2次品牌，旁白加上字幕更有保障，声音必须大，宁可吓人也不能让人听不到。那么，这种方法真的奏效吗？事实是否定的，不过这种说法也并非一无是处，其中说到的30秒法则已经被营销界视为决定营销成败的关键因素。

故事传播也遵循30秒法则，我们在使用故事化营销这一营销方式时，要掌握故事传播的四个关键点：

（1）第一个30秒要引起大众注意

互联网时代，每一个用户的时间都是极其宝贵的，当他们在前30秒看不到自己感兴趣的东西，就会立马将注意力转移到他处。在信息爆炸、媒体泛滥的时代大背景下，只有在最短的时间内抓住大众的注意力，才能成为营销的赢家。

那么，怎样在第一个30秒就引起大众注意呢？故事营销高手理查

德·布兰森，只用一秒钟就能抓住大众的眼球，他的做法可以给我们一些启迪。布兰森曾扮演蜘蛛侠从高楼上跳下，曾开着坦克驶入纽约时代广场，曾飞到新德里骑着一头白象到印度国会演讲，曾冒着生命危险乘热气球横渡大西洋……他的每一个传奇故事都取得了难以想象的营销效果。

（2）第二个30秒要引起大众兴趣

只有感兴趣，大众才会继续看下去。故事营销的第二个30秒主要是要引起大众的兴趣，勾起他们继续关注后边内容的好奇心，通俗来说也就是让受众留下来，只有用户留下来了，我们的营销才会有价值。

同样以理查德·布兰森为例，他是一个能持续引发大众兴趣的故事营销高手，2008年年初，英国维珍集团在纽约举行新闻发布会，宣布"太空船二号"预计2008年试飞，当时新闻发布会上的记者一下子炸开了锅，紧接着布兰森推出了"太空船二号"1∶16的模型，再加上技术人员的佐证，这真是一个激动人心、匪夷所思的好故事，这次活动取得了非常棒的营销效果。来自全球30多个国家的200余人预订了太空之旅，超过10万人表达了想乘坐"太空船二号"游太空的兴趣。

对于我们营销人员来说，要想引起大众的兴趣，不妨大开脑洞，多一些奇思妙想，多一些出乎意料的点子。

（3）第三个30秒要引人入胜

每一个广为人知的故事都是非常引人入胜的，从中国名著《西游记》《红楼梦》到今天大受好评的《三体》《斗罗大陆》，从《哈利·波特》到迪斯尼动画，它们之所以被大众熟知，且能够经受住时间的考验，经久不衰，其中最为核心的因素就是引人入胜。故事营销也是如此，只有能够引人入胜的故事营销才是一场成功的营销。

"左岸咖啡"就是善于用故事营销的典型事例。当时中国台湾的咖啡一般定价为15元,但"左岸咖啡"定价25元,在没有任何价格优势的情况下,"左岸咖啡"将目标群体定位为年轻女性,并针对自己的消费群体用引人入胜的故事进行了营销。

> 旅行的人,总带着脆弱的灵魂
>
> 他在找一架钢琴,我看见他走进咖啡馆,想送给人们E大调练习曲
>
> 他只点了一杯卡贝拉索,但爱情是交响曲
>
> 这个时刻,人来人往正以练习曲的步调在我们之间行进
>
> E大调练习曲,便成为离别曲
>
> 这是1849年之前的事,他是肖邦
>
> 我们都是旅人,相遇在左岸咖啡馆

就是类似这样的一个个短小故事,塑造了一种宁静、美好的氛围,令人忍不住沉浸在故事描述中的时空里,像咖啡一样让人回味。就是类似这样的一个个引人入胜的好故事,成就了"左岸咖啡"的营销传奇。

(4)第四个30秒要引出行动

绝大多数消费者在作出购买决策时都是非理性的,这就为故事营销发挥作用提供了充分的空间和依据,故事营销的第四个关键点就是在第四个30秒引出行动,也就是征服受众,让对方彻底爱上我们营销的商品或品牌,从而作出购买决策。

4. 讲好营销故事的要素

讲好营销故事并不是一件简单的事情，有些营销故事讲得十分感染人，而有些营销故事则给人一看就很假的感觉，这是什么原因造成的呢？实际上，绝大多数不够精彩的营销故事是由于要素欠缺导致的。

一个好的营销故事，一般都会具备以下几大要素：

（1）氛围

千万不要以为氛围是可有可无的东西，尽管氛围并不能直接讲述故事，但氛围对于营销故事来说，其作用是不可忽略的。受众能否自行带入营销故事中，关键就在于氛围。因此，我们在讲营销故事的时候，一定要重视故事氛围的营造，以期打破受众的防御心理，把受众快速拉入我们的营销故事当中。

（2）悬念

人们看山喜不平，看故事更是如此。在讲营销故事时，一定要善于利用悬念来激发受众的好奇心。众所周知，儿童对周围事物有非常强烈的好奇心，随着年龄的不断增长，人的好奇心会随之减弱，但却不会消失。人人都有好奇心，不管你的受众收入高低，消费观念如何，他们内心深处都隐藏着一颗永远不老的"童心"。为了满足成年人的好奇心，不少商家开发了一些十分有趣的成人玩具，比如市面上比较常见的恶作剧整人玩具，就将"好奇心"这一心理元素运用得淋漓尽致，看到封闭的盒子，谁都会产生"想打开看看里边"的好奇心,不过打开盒子的一瞬间,蹦出来的"蜥蜴""蛇"等往往会吓人一跳。其实,好奇心这一心理元素不仅可以用于玩具开发,放到故事营销领域也十分相宜。我们可以通过构筑悬念、强烈对比、反衬、因果倒置等方法来让故事变得更加丰富有趣。

(3)冲突

故事的精彩之处就在于冲突,一个主角顺风顺水走上人生巅峰的故事,是没有丝毫"爽点"的,自然也就难以调动起大众的情绪,一个无法调动受众情绪的营销故事,注定只会是一个不成功的故事。

不同的故事,制造冲突的方式不同,困难、挫折、仇恨、爱情、友谊、理想与现实等都是制造冲突的常见元素,除了这些外在的冲突外,还可以通过人的心情变化、想法、期望等制造内部冲突。

你写PPT时,阿拉斯加的鳕鱼正跃出水面;你看报表时,梅里雪山的金丝猴刚好爬上树尖。你挤进地铁时,西藏的山鹰一直盘旋云端;你在会议中吵架时,尼泊尔的背包客一起端起酒杯坐在火堆旁。有一些穿高跟鞋走不到的路,有一些喷着香水闻不到的空气,有一些在写字楼里永远遇不见的人。

这段曾火爆全网的旅行营销词,就是通过对比制造冲突,排比式的冲突,扑面而来,现状与理想交织,情绪与内心在呼唤,这样的冲突让故事变得更饱满、更有吸引力。

(4)情节

情节是构成故事的主体部分,也是最为精彩的部分。跌宕起伏的情节,能够真正触发人的情绪,让人跟着故事主角的遭遇、悲喜而又哭又笑。要想讲好营销故事，我们需要深入研究目标群体的情绪或情感特征，并结合所营销的产品特质等，提炼出我们在营销故事中所需要调动的情绪或情感，并以此为基础去构设营销故事的情节。

（5）隐喻

隐喻，即转变，这是营销故事的基础。比较普遍的做法是，将所需营销的商品或品牌设置为营销故事中的隐喻。比如绿箭口香糖中就将产品作为触发故事中主角心情变化或行动变化的隐喻，不少香水广告也是将香水作为女性变得更具魅力的隐喻符号。在讲营销故事时，我们要重视隐喻的运用，对隐喻的运用可以大大降低营销故事的商业味道，多一些人文味道，多一些与受众情感上的沟通，可以让营销故事变得更易被大众接受。

5.情感营销让你的故事更深入人心

从心理学角度来讲，消费有时候并不是出于使用需要，而是一种负面情绪的发泄。比如有相当一部分女性心情不佳，尤其是与伴侣生气后，往往会带足荷包去商场上血拼狂买，这种购买行为只是一种情绪的表达，只是为了传达"你不爱我没关系，我会自己爱自己"。不仅仅是女性，男性的很多消费行为也与情绪有莫大的关系。

消费者出于表达情绪的需要产生购买行为，反过来对于营销来说，其本质也可以理解为"贩卖情绪"。

在广告领域，任何一个成功深入人心的广告，无一不与"情感印刻"有关系。优乐美奶茶相信大家都很熟悉，作为一种饮品，广告没表现该产品的美味,也没强调该饮品的健康营养,而是用一句"你是我的优乐美"便征服了一大批消费者,这就是情绪的力量。

这则广告之所以获得巨大成功,其主要原因如下:首先奶茶的消费群体为年轻女性,这一群体的最大特征便是对爱情充满幻想,渴望被异性关注和宠爱,希望自己永远都是被"捧在手心里"的小公主,这种情绪与奶茶被捧在手里可产生情感上的共振与共鸣,因此渴望被爱的女孩子也就更愿意接受这样一种饮品。

能调动大众情绪的广告才是好广告,同样,能调动大众情绪的营销才是一个出色的营销工作者。在营销领域,人们将这种针对消费者的情感需要,采用一定的策略或方式激发其情感需求并唤起情感上的共鸣,从而引导消费者产生购买行为的一种营销方式,称为"情感营销"。

情感营销的作用非常强大,且是多方面的。

一是情感营销能够为消费者营造出更好的购物环境。在消费行为越来越趋于感性的今天,消费者在购物时,更在意环境、气氛、品位、享受等,与传统营销的浓厚"商业味"相比,情感营销则要温暖得多。情感营销可以为消费者营造一个温馨、和谐、放松、充满情感的购物环境,更容易与消费者建立长期友好的关系。

二是情感营销是增加消费者黏性的有效工具。今天的消费者比以往任何一个时代的消费者都更加三心二意,昨天他们会因为优惠券买 A 品牌,今天会因为 B 品牌大酬宾活动而抛弃 A 买 B,明天可能既不买 A 也不买 B。对于企业来说,增加消费者黏性,提升消费者品牌忠诚度是非常重要的,情感营销可以直达消费者内心,与他们的内在真实情感建立连接,这种更深层的联系可以帮助企业牢牢抓住消费者,从而在激烈的竞争中立于不败之地。

三是情感营销可以有效提升企业的竞争力。商场即战场，在激烈的竞争中，如果没有强有力的武器，必然会死于竞争对手的"屠刀"下，商品质量、价格、包装固然是立足之本，但仅仅依靠这些是难以在激烈的竞争中取胜的，情感营销可以获得顾客的更多好感和信任，是树立企业形象、提高企业市场影响力的有力武器。

此外，情感营销还可以让我们的营销故事变得更有感染力，更深入人心。在营销中，我们要善于运用大众的情绪来强化营销故事，从而达成营销目的。人的情绪丰富多彩，对于我们营销人员来说应该怎么做呢？

（1）情感印刻

所谓情感印刻便是给自己营销的商品打上一个鲜明的"情感"标签，比如一提到钻石，人们就会立即想到"永恒不变的爱情"，钻石＝忠贞不渝的爱情，这就是一种情感印刻，从实际理性的角度来讲，两者可谓风马牛不相及，但一旦被打上了爱情的标签，便会吸引一大批憧憬爱情的客户。不论你营销的是什么产品，一定要将其与人的情绪联系起来，并尽可能找到最适当的契合点。

（2）唤发情绪

不管是哪种情绪都需要某个触发点才能成功唤起，从心理学角度来说，人类的原始情绪最易被激发，比如"恐惧"，因为惧怕衰老所以愿意花大代价延缓衰老、购买保健品，惧怕落伍所以愿意花钱追流行。此外，神秘感也容易被触发，一说到"祖传秘方""特殊秘方"等，人们往往想一探究竟，进而产生购买行为。营销人员要善于唤发大众的情绪来进行营销，需要注意的是，不同的产品其适合唤发的情绪也不同，我们首先要确定好需要唤发的情绪后，再进行唤发。

6. 社交媒体：最强大的故事营销舞台

在远古时代，人的活动地域很小，传播主要依赖于人与人的直接沟通，传播媒介效能低下，单个个体的影响力也非常有限，最多可以影响到本部落和临近部落的人；到了封建社会，马车、驿站等使得人的活动地域扩大了，传播除了依赖于人与人的直接沟通，还可以通过书信等联系，传播媒介效能得以提高，单个个体的影响力扩大了，但还是非常有限；到了电气时代，广播、电视等的出现，让传播效能得到了大幅度提高，个体的影响力再次扩大，国家元首等领袖可以通过广播、电视等迅速将消息传递给大众，但这种传播是单向的，缺乏反馈机制，因此传播效能被限制在一定范围。

在今天的互联网时代，传播效能得以充分释放，人们可以随时随地与任何人进行沟通，且能快速实现即时双方沟通，信息的传播路径直接升级成了快车道，信息的传播速度比以往任何一个时期都要快得多，得益于媒体效能的提高，个人的影响力被放大了无数倍，个体不仅可以对本城、本地区、本国的公众产生影响，甚至可以在整个世界掀起属于自己的个体风潮。

在互联网时代，不管你已经是意见领袖还是平凡的普通人，不管你是一国元首还是住在山区的老农，不管你是在职场上游刃有余的精英还是未走出校门的学生或已风烛残年的老人，借助互联网媒体的传播效能，人人都可以成为"名人"，每个人都可以成为新崛起的"超级个体"。互联网的加持，让今天的社交媒体成为最强大的故事营销舞台。

那么，媒体的权力从何而来？法国著名哲学家米歇尔·福柯的话语理论给我们指出了答案。福柯的话语理论像个三角形，分别由语言、知识、权力这三极构成。

语言的力量不必多说，中国古人很早开始就意识到了语言的巨大影响力和权威性，《左传》中记载："道之以文辞，兵可以弭。"此处的"文辞"是指外交辞令，真正高明的外交辞令，可以直接起到消弭一个国家兵祸的作用，语言的力量不可谓不大。

在福柯看来，没有任何知识能够独立形成，它必须依赖一个交流、记录、积累和转移的系统，换句话说，知识的形成离不开信息的传播，但信息的传播必然会受到各种因素的影响，从而产生受损、失真，甚至是颠覆性的变化。中国成语中的三人成虎就是一个非常典型的例子，知识在传播的过程中也会被扭曲。正如哈贝马斯所说："语言交流方式受到权力的扭曲，便构成了意识形态网络。"

权力是影响信息传播的重要因素，福柯将权力定义为人类天性，是一种控制、占有并以自己为中心统一其他的潜在欲望和能力。作为人的精神意念，这种权力无处不在、四处游动，但凡有人群的地方，就会有权力之争。

可以说，今天的社交媒体就是人们用语言相互交流、获取知识信息、争夺权力的最主要战场，也是数字营销的主战场。现代的营销产业，本质上是一个认知产业，从喜欢到偏好到偏执，认知灌输是前置的，道路千万条，认知第一条，故事营销的目的就是通过故事去改变受众对产品或品牌的认知。

5G时代，社交媒体将会迎来一轮新的商业营销红利，有专业人士预测称：这轮红利背后早期受益的是工业品，后期将是农产品。拥抱5G，才能制胜未来，这是一个数据重构商业、流量改写模式的时代，在流量见顶的当下，在各类社交媒体上做好故事营销才能在越发激烈的营销竞争中存在获胜可能。

【营销锦囊】

故事化营销具有自己的独特之处，与其他营销手段不同的是，它的主要诉求是一种情感，且会把这种情感融入品牌的各项建设和产品的实践营销中，它的神奇之处在于，可以赋予产品更多的内涵和人性化特质，在故事的加持下，产品可以超越其本身的物理属性，成为更具感染力、更具吸引力、更具人性气质的存在。

我们众所周知的奢侈品，其营销方式都离不开故事化营销。故事化营销对于奢侈品行业有着十分特殊的作用，几乎每一个奢侈品牌，都会通过故事营造一种独特氛围，这种独特氛围与他们的目标消费群体存在精神上的共鸣，从而激发出他们的购买欲。

第十二章　差异化营销：更精准、更高效

1. 跳出价格战的营销陷阱

价格战是中国式商战中最常见的竞争手段。著名经济学家曼昆在《经济学原理》一书中指出：价格战是消费者选择的必然。所谓价格战，即通过竞相降低商品价格展开竞争的行为。

作为一种竞争策略，价格战具有杀伤力强、短平快等优点，可谓企业竞争大战中的"核武器"，因此被不少企业采用。价格战的杀伤力大，但同样缺点也很明显，这是一种非常基础的竞争形式，门槛低，也非常容易应用，此外价格战还是一把"双刃剑"，如同金毛狮王的"七伤拳"一样，杀敌一千自损八百，一着不慎，极有可能导致商品利润为0，甚至滑向商品销售越多亏损越多的无尽深渊。

没有任何一家企业愿意主动加入"价格战"，大家都十分清楚价格战的"副作用"，但为什么还会如过江之鲫一样纷纷进入价格混战的市场呢？

实际上，这种现象的背后有着深层次的原因：一是相对于西方成熟的市场，中国市场属于一个新兴市场，发展时间短，不成熟，各方面的市场规则还不够完善，这使得很多行业呈现出鱼龙混杂的局面，名牌与山寨共存，优质商品与地摊商品齐飞，同样的商品，其价格区间之大，从成千上万到几百几十都有；二是中国的消费者对商品价格非常敏感，毕竟中国人吃不饱穿不暖的日子还没过去多久，即便现在大家富裕起来了，但在购物方面还是非常在意价格，更希望买到"物美价廉"的商品。

在这样的大背景下，大幅降价就成了一种快速获得市场份额、能够快速打击竞争对手的有效手段。我们耳熟能详的"全网最低价""买贵补差价"等也就成了营销中的"大杀器"。尽管"全网最低价"等是一种非常有利的、立竿见影的营销方法，但对于企业来说并不能长久。

20世纪的知名电视品牌长虹，是我国历史上第一个掀起价格战并成功登顶的品牌。当时的中国彩电业才刚刚起步，索尼、松下、东芝等外资品牌占据着不可撼动的市场地位，长虹一边打出了"产业报国"的标语，一边冒着巨大的风险，做出了平均每台电视机让利100元至850元的降价销售策略。

长虹掀起的这场价格战，就像一颗石子扔进了平静的湖水，迅速在市场中产生了巨大反响，TCL、康佳等十几个国产彩电品牌紧跟其后，也加入了降价销售的大军。

价格战的效果可谓立竿见影，仅一个月后，长虹的市场占有率就猛增7.9%，达到了19%。当年年底，长虹的市场占有率变成了35%，也就是说，每销售出去三台彩电，就有一台出自长虹。价格战的打法让长虹创造了一个品牌发展奇迹，也让运筹帷幄的倪润峰成为当时的风云人物。

然而"成也萧何，败也萧何"，不少彩电品牌纷纷"学以致用"推出了低价产品，到了1998年，康佳和TCL的销量先后超过长虹，长虹业绩下滑企图掌控彩电核心部件——显像管来翻身，但遗憾的是纯平彩电的诞生，彻底打碎了长虹的美梦。

靠价格战封神的倪润峰，沉迷于价格战，却忽视了建立一套健康盈利模式的重要性。随着彩电市场逐渐走向成熟，价格战越来越无法刺激消费者，弱小的品牌被挤出市场，而惯于靠价格破坏行业规则的倪润峰也光环不再，成了同行眼中的"价格屠夫"。

2. 差异化营销更精准、更高效

数字营销时代，差异化营销更精准、更有效。所谓"差异化"营销，简单来说，就是满足细分市场需求的营销模式。互联网将大众切割成了无数个小众，在这样的大背景下，针对大众的营销，效果正在不可避免地变得越来越差，将营销对象下沉到小众，才是扭转企业营销颓势的好办法。

随着技术的发展，行业的垂直分工越来越细，互联网让信息变得更透明、更公开，于是产品同质化成为不可避免的问题。实际上，企业与企业之间的产品差异，从生产技术、生产材料等物理层面上讲，差异是很小的，且现存的差异完全可以轻松补足，一些奢侈品包A货的品质可以做到与正品一模一样，甚至可以比正品的质量还好，可以毫不夸张地说，今天企业与企业之间的竞争，已经不再是产品层面的竞争，而是营销层面的竞争，谁能够在营销大战中赢得更多消费者，谁就能占据更大的市场份额。

差异化营销早已经成为不少企业的常规做法。众所周知的宝洁公司就是实行差异化营销的一个典型。宝洁一家公司旗下有多个品牌，不同的品牌服务于不同的客户群体，针对不同的客户群体做有针对性的营销，仅洗衣粉，宝洁就有11个品牌，我们非常熟悉的碧浪、汰渍、熊猫都是宝洁旗下的品牌，其中碧浪主打强力去污，价格稍高，汰渍去污效果也很不错，价格适中，熊猫则突出物美价廉。实际上，不光是洗衣粉，我们非常熟悉的洗发水品牌沙宣、海飞丝、潘婷、飘柔都是宝洁旗下的品牌，沙宣的营销主打品位，海飞丝的营销则侧重于去屑，潘婷的营销则是主打优雅，飘柔营销更侧重于亲和力。

宝洁旗下品牌众多，除了我们上边提到的洗衣粉、洗发水，还有4个品牌的牙膏，8个品牌的香皂，3个品牌的卫生纸，3个品牌的清洁剂等。

宝洁的营销目标是覆盖全部市场，同时又非常关注不同消费者群体在实际需求上的差异，因此便采用了差异化营销的策略，将市场进行了深度细分，开发出了不同价值组合的商品，并辅以针对各细分市场需求的营销办法，从而形成了品牌全面开花、营销全面发力、产品卖遍全中国的良好发展态势。这种营销方式就是差异化营销的巨大威力。

差异化营销有十分突出的优势：可以对现有市场进行深耕细作，通过满足不同消费者群体的不同需求，从而激发出每一个细分子市场的销售潜力，能够大力推动企业市场占有率的攀升。从企业经营角度来说，差异化营销可以有效降低企业经营风险，即便是在某个子市场遭遇营销滑铁卢，也不至于影响企业全盘发展的大局，可以提高企业抗风险能力和竞争能力。

但差异化营销的缺点也很明显：差异化营销的资金成本很高，由于产品细分为针对不同消费群体，使得其生产也更小批，单个产品的生产成本没有大批量生产低，此外在许多方面的成本上会出现大幅度增长，比如市场调研、销售分析、促销计划、渠道建立、广告宣传、物流配送等。对于资金实力雄厚的大企业来说，不管是多样化的市场调研、营销，还是多渠道的分销、管理费用等，都可以轻松承担，而且由于营销投入资金量大，还可以对同行业的中小企业和品牌形成壁垒，更好地捍卫营销取得的市场优势。

总的来说，差异化营销适用于财力雄厚、技术强大、产品高质量的企业，初创企业、中小企业等还是把有限的营销预算集中花在一两个重点项目上更合适。在营销预算不够充分的情况下，显然采用聚集力量集中出击的营销打法，远远要比把有限的力量分散开来更靠谱、更高效。

3. 怎样制定差异化营销战略

差异化营销战略的制定并不难，首先企业对现有市场进行细分，并划分为多个子市场，然后以利润最大的子市场作为目标市场，先行进行差异化营销尝试，如果有足够的能力满足更多子市场的营销需求，那么就可以不断开拓出更多的子市场，从而实现营销战略上的升级。

差异化营销的优势很突出，因此今天不少炙手可热的企业纷纷开始制定差异化营销战略，并付诸实施。

从1688到淘宝到天猫，再到淘宝特价版，这是阿里巴巴的差异化营销战略，其中天猫主打品质，淘宝主打多而全和超高性价比，淘宝特价版的营销重点是便宜，1688主要面对的是批发。

直播界的快手，也推出了快手极速版、快手直播伴侣、快手概念版、快手小游戏、快手小店商家版、快看点等多个不同的版本，每一个版本都对应着更加细分的市场，服务更加细分的受众群体，这种差异化的营销策略，让快手火上加火，成为几乎全民皆知的应用。

对于营销预算有限，无法像阿里巴巴、快手这种"财大气粗"的大企业一样，靠子品牌、子应用来实现差异化营销的企业来说，差异化营销的方法也是可以变通使用的。我们可以针对某一产品或企业品牌，通过建立媒体矩阵的方法来做差异化营销。

媒体矩阵可以通过不同的媒体渠道，建立触达用户的媒体内容，基于互补的原则完成对用户触点的立体式全面覆盖。具体来说，我们可以按照以下五大步骤来打造企业的媒体营销矩阵。

（1）明确建立媒体矩阵的目的

诚然，建立媒体矩阵的好处是多方面的，但具体到不同的企业、品牌和产品，媒体矩阵的作用和价值也会存在差异。要想建立媒体矩阵，第一个要考虑的问题就是建立媒体矩阵的目的，我们想通过媒体矩阵实现怎样的目标，我们把建立媒体矩阵这件事放在什么样的优先级上，只有明确了目的，才会有判断媒体矩阵价值的标尺，才能最终科学决策是否有必要建立媒体矩阵。

(2)明确媒体矩阵的归属

在不同的企业内部,媒体矩阵的管理归属有不同的情况,有的归市场部管理维护,有的归运营部维护,也有些是专门成立了新媒体部负责整个媒体矩阵的搭建及维护,还有一些企业是采用了运营外包给广告公司的方式。对于大公司来说,媒体矩阵是归属于集团总部还是子公司等也是一个必须明确的问题。只有确定了归属,才能明确媒体矩阵的财务预算、人员安排、工作任务等。

(3)搭建媒体矩阵

搭建媒体矩阵有多种策略,比如有的企业采用"裂变"搭建方式,即先开通运营一个主号,当主号具备了一定的影响力之后,再开通其他姊妹号、母子号等,从而搭建起一个趋于完整的媒体矩阵;有的企业则采取"齐头并进"的搭建方式,即同时在多个媒体平台上开通运营多个账号,同步运营,俗话说"东方不亮西方亮",众多的新媒体账号中,总有一些表现好、传播效率高的高价值账号。可以根据企业的实际情况,选择适合自身的媒体矩阵搭建方式。

(4)做好媒体矩阵的内容

内容是吸引流量的重要载体,媒体矩阵的内容好不好,吸引不吸引人,是直接影响传播效果的关键内容。总的来说,在做媒体矩阵的内容时要遵循轻产品、重传播的原则,与直接宣传产品相比,吸收受众目标带来流量才是更重要的事。

(5)差异化运营

不同的媒体平台，不同的媒体账号在运营上也是存在差异的，我们要根据不同平台和不同账号的特征，进行差异化深耕。比如微博，平台以"随时随地发现新鲜事"为特点，表现方式是140字+图片，抖音则主打短视频，只有到什么平台唱什么歌，才能真正发挥出不同媒体的作用。

从目前的媒体矩阵类型看，主要有纵向矩阵与横向矩阵两种：纵向矩阵是指企业在某个媒体平台上，根据各个产品线进行纵深式媒体布局，比如在微信平台上，就可以布局小程序、个人号、公司号、社群、服务号、订阅号、公众号等；横向矩阵是指企业在全媒体平台的整体布局，如企业在头条、搜狐、微博上开通媒体号，同时自建App、用户社群、网站、直播间等。我们可以根据企业的实际情况，来选择合适的媒体营销矩阵形式，制定差异化的营销战略。

4. 客户的差异化管理

一个是多次复购的老客户，还经常将产品推荐给自己身边的亲朋好友；另一个是第一次购买的新客户，对产品还存在一定的不信任，倘若我们给这两种客户完全无差异化的对待，显然会伤了老客户的心。

一个是每次只买特价产品，很难从他身上赚到利润的"抠门"客户；另一个是次次都买最贵最高端产品的"土豪"客户，倘若我们给这两种客户完全无差异化的对待，"土豪"客户肯定会因不满服务而逐渐流失。

……

这就是我们为什么要对客户进行差异化管理的原因。差异化营销，简单来说，就是针对不同的消费人群，进行有针对性的差异化营销，和富人要讲"档次""品位""奢华""稀缺"，和普通消费者要讲"性价比高""实用"，只有进行差异化营销，才能最大限度地增加用户的利润贡献率，从而提升企业的总体销售额。

不同用户感兴趣的事情不一样，喜欢玩的游戏、愿意参加的营销活动也不一样，如此一来我们就需要对用户进行分级、分类、分阶段，这是对用户进行差异化营销的前提。

用户分级，即根据用户的不同市场价值将其分成优先级和非优先级等多个等级。任何一家公司用户的资源都是有限的，为了让有限的物质激励、荣誉激励能够发挥出最大的营销价值，我们需要把有限的资源匹配到最优质的用户群体中，这就需要做好用户分级。切忌不可为所有用户都提供高质量的服务，这对于优质的 VIP 用户来说是不公平的，会严重挫伤他们的积极性。每一个优质客户都应该受到超出寻常的优待，只有将优质用户筛选出来，才能有针对性地制定策略、倾斜资源，从而挖掘出更多市场价值。

在实际商业领域，用户分级是一种非常常见的用户运营策略，比如网游公司，专门派工作人员挨个儿加"土豪"大户的微信，为其提供一对一贴身服务，第一时间解决他们的 BUG 反馈等问题；再如阿里在淘宝基础上打造了天猫平台，把优质的大型商家与中小买家成功进行了分级等。

用户分类，即根据用户的行为，如使用时间、活跃时间、购买记录、活动参与情况等对用户进行分类，分类的具体标准，不同公司有不同的分类办法，有的按照地理位置划分，有的按照注册时间的长短划分，有的按照使用频次划分,大数据精准的"用户画像"可以为用户分类提供切实可靠的依据。

在实际商业运用中,用户分类可以为差异化营销提供决策支持,比如对于参与活动频次高且晚上活跃的用户,在晚间为其推送更多营销内容和营销活动显然更加合适……总的来说,用户分类越细致、准确,我们的差异化营销策略就可以更精细化,转化率也会更高。

用户分阶段,即以时间维度为标准对用户进行划分,针对处在不同时间维度中的用户,要采用不同的营销策略。以网游行业为例,对于刚刚下载游戏首次登录游戏的用户,一般都会发放"新人大礼包",鼓励用户玩游戏;对于已经玩了很久的"老玩家",奖励主要以任务奖励、升级奖励为主,同时借助"新皮肤""新技能""新武器"等吸引用户,并诱使用户充值来升级装备……

任何一款产品都有一定的用户周期,比如网购用户呈现出浏览、关注、收藏、添加购物车、付款未收货、完成收货、评价等阶段,针对不同阶段的用户,我们的营销策略也要精细化,只有这样才能真正服务好用户,做好差异化营销工作。

在互联网流量见顶的用户存量时代,怎样做好用户的精细化运营,怎样对不同的用户群体进行差异化营销,提升用户的复看、复购率,是营销工作者需要重点思考解决的问题,也是摆在很多企业面前的一个难以避开的重要难题。

5. 差异化营销的五个维度

差异化是营销的灵魂，没有差异化的营销，在信息爆炸的今天，很难吸引到受众，很难无损耗地将营销内容传递给我们希望触达的人群，注定只会失败而难以成功。营销工作者要想掌握差异化营销的方法，一定要对差异化营销的五个维度做到心中有数。

（1）精选

人有我优，也是一种差异化，我们可以通过对产品优点的挖掘来找出差异化营销的关键点。比如"三只松鼠"就是在精选上下了大功夫，比其他干果更优质，事实证明，这一差异化的营销取得了巨大成功。

（2）组合

今天的创新极少有"原创性"创新，大多是"组合式"创新，千万不要小看组合，不同的组合会给人带来完全不一样的产品体验，比如手机＋MP3就成就了音乐手机这一手机新类别，我们可以根据不同的组合思路、不同的组合办法，把一个或多个元素加入产品或服务中，从而为差异化营销做好准备。

（3）换序

过去的草莓都是摘好了直接卖到市场上的，而今天一些采摘园邀请顾客去亲自摘草莓，不仅节省了摘草莓需要付出的劳动，而且还把草莓卖得更贵，非常受消费者欢迎。这就是换序带来的营销红利，我们可以根据企业或产品的实际情况，挖掘换序的可行性以及受众的接受程度等，从而通过换序来提升差异化营销效率。

（4）逆向

在人人都在讲干净的大环境下，逆向营销的"脏脏包"成了全网年轻人争相尝试、拍照、打卡的热门单品。服装行业也有这样的例子，一些故意做旧、做脏的服装或鞋子，也有相当一批的拥趸，可以说逆向而动，就意味着差异化营销可以迅速引起大众的注意，成为人人津津乐道的话题，如此一来，营销效果自然好上加好。

（5）有趣

有趣、好玩越来越成为现在年轻人的兴趣点，君不见盲盒的消费群体多么庞大，而且不少都是资深发烧友，为什么盲盒这么火？就是因为开盲盒有趣、好玩。我们可以通过挖掘产品的趣味点来寻找产品差异化营销的具体策略。

今天，聪明的企业都在积极输出价值观，来加深消费者对自身的认知。把商品与受欢迎的价值观进行捆绑，已经成为一种新的差异化营销现象。"金子太冷，钻石已死，加长轿车也不过是个车子。别再假装，感受真实的。那就是迪奥真我香水。""我，想动就动，我，坐没坐相，我说，只有身体喜欢才是最好的，就像七度空间少女系列卫生巾，为我打造舒服的纯棉表层，我的舒服我来定。""懂空间，会生活，索菲亚定制衣柜。"……从香水到卫生巾，再到衣柜，可以毫不夸张地说，今天的大部分商品在营销宣传上打上了价值观的标签。

价值观和情感，可以协助用户直接跳过理性的选择过程，今天的企业，要想在激烈的营销大战中脱颖而出，就一定要拥有定义用户自我的能力，要向艺术家学习，向艺术品拍卖行学习，将用户变成产品的收藏家，采用收藏家思维去进行差异化营销。收藏家思维是反性价比的，花一个亿买一幅画，根本就不是成本核算方式，而是用户心智的期望方式，用户知道自己是谁，用户知道只有这个产品能够代表自己的身份。在竞争越来越激烈的互联网商业时代，只有那些能够定义用户自我的营销，才是病毒式营销，才会催生出巨大的商业价值。

今天，营销工作者的身份绝不是广告洗脑者，而是一个共识提倡者，一个意见领袖，互联网上的社群领导者也是如此，他们不会把用户塑造成自己理想中的用户，而是给予用户更多的自由空间，让他们自由做自己。这些共识提倡者或者说意见领袖，扮演着用户好朋友的角色，对用户有着非常强大的影响力，但他们本身并不具备权力，这为营销重新定义了差异化的方向和方式。

营销是一个动态的过程，差异化营销更是如此，在互联网的传播速度的加持下，差异化营销几乎隔一段时间就会冒出来新玩法。这就要求企业不断洞悉营销新方法、新渠道、新思想，并从中汲取智慧，为自己的差异化营销策略添砖加瓦、与时俱进。

【营销锦囊】

不管我们的商品价格多低，永远都会有其他产品比我们的产品更具性价比，在中国，企业如果想远离被黑洞粉碎的命运，就一定要努力逃脱价格战的营销陷阱。商品可以同质化，但营销可以差异化。君不见同样是卖干果，三只松鼠就可以卖得更贵，这种价格差异其本质上就是对商品的营销包装；同样是卖姜汁红糖，李子柒就可以买得更贵，这也是一种营销上的差异化……

大众更喜欢那些非常美丽的商品，并且愿意为美丽而付费，营销工作者一方面要在商品的包装、宣传材料的美观上多下功夫，争取以颜值来吸引消费者；另一方面要在商品或品牌的文化内涵上下功夫，通过生活方式营销等多元化的营销方式去满足消费者的精神需求，如此一来，不靠低价也能出圈、出彩。

第十三章　整合式营销：玩好资源整合这一招

1. 互联网营销思维知多少

企业营销的手段很多，大家都各有各的"套路"，但今天的人们早已经在铺天盖地的营销信息中有了免疫力，任尔东南西北风，我自岿然不动成了很多人对待企业营销的主要态度，在这样的情况下，很多营销手段的效果也随即大打折扣甚至直接失灵。那么，究竟该怎么办？怎样才能有效调动已经对企业营销反应迟钝的大众们兴奋起来？

互联网营销思维给出了很好的答案，尽管互联网营销方式多种多样，营销渠道也各不相同，营销内容也变得越来越有意思，但透过现象看本质，互联网营销思维的本质就是带着用户一起玩。在传统营销领域，营销是为了向受众传达产品或品牌信息，但随着数字化时代的到来，仅仅向受众传递信息已经远远不够了，在海量的信息面前，没有人会愿意看赤裸裸的广告来污染自己的视线。因此，随着互联网的兴起，营销思维也出现了不小的变化。

（1）免费思维

免费、免费、免费……免费是互联网营销思维中的"王牌"，免费提供服务、吸引大量用户、凭借海量用户赚广告商的钱，这种颠覆性的商业模式，彻底改变了企业营销的传统格局。为 A 免费提供服务，去赚 B 的钱，这种匪夷所思的商业思路，让电商从一诞生就成为一个新物种。

绝大多数互联网企业营销的第一目的不再是从受众身上赚多少钱，而是让受众成为自己的用户，为了达到这个目的，免费提供服务、发红包吸引人注册使用、给新用户消费补贴等，在我们的日常生活中随处可见，街头还时常会遇到推广人员，只要扫码关注就可以获得一份小礼品。海量用户，总会有变现的方式，或是拉风投，或是上市，或是通过赚广告费回血，或是为用户提供增值服务赚取利润……免费思维的核心就在于用户，谁圈到的用户更多，谁就能够占据竞争优势。

（2）娱乐思维

互联网营销不再是单纯的传达信息，为了吸引广大用户的眼球，人们纷纷带着用户一起玩，这种娱乐思维也深深影响了互联网营销。以"支付宝"为例，除了付钱、收钱、花呗、借呗等一系列实用性功能外，还为广大用户设计了各种好玩的"活动"，比如"运动"通过记录步数进行排名形成了一个"体育类"竞技游戏，"蚂蚁森林"则通过收集能量种树获得环保证书的方式，构建了一个"种植类"排名游戏，此外还有天天抽奖、天天红包、砸蛋等活动……这些好玩的活动，大大增加了用户的活跃度，也有力提升了用户对品牌的黏性和忠诚度。

（3）颜值思维

在商业社会中，"颜值"一直是宣传营销的利器，在宣传营销活动中，颜值占据着绝对统治地位，车展就是一个非常典型的例子。车展中的漂亮女模特一直是被广大媒体、民众津津乐道的话题，各大汽车厂商都会借助漂亮女模特的"颜值"影响力给自己的产品增加曝光度、话题度，事实证明，这确实是一种行之有效的宣传营销办法。女性更具亲和力，没有攻击性，更容易被大众接受，也正因如此，在商业领域，女性"颜值"远远要比男性"颜值"值钱得多。不过近些年来，随着广大女性收入和消费能力的增长，被广大女性喜爱的帅哥也非常有商业营销价值，如今一些女性护肤产品的广告代言人就有一部分是男性。互联网经济本质上是"眼球经济"，"颜值"即流量，"颜值"即金钱，"颜值"就是营销效果的保障。

（4）个性思维

"我不要你觉得，我要我觉得"在网络上爆红的现象，从侧面展现了这是个追求个性化的时代。今天的消费者，不喜欢随大流，不喜欢与众相同，穿衣"撞衫"是一件不可容忍的事情，"与众不同"才是他们的追求目标。由此也就催生出了迎合年轻人个性的营销思维。

"你只闻到我的香水，却没看到我的汗水；你有你的规则，我有我的选择；你否定我的现在，我决定我的未来；你嘲笑我一无所有，不配去爱，我可怜你总是等待；你可以轻视我们的年轻，我们会证明这是谁的时代。梦想，是注定孤独的旅行，路上少不了质疑和嘲笑，但，那又怎样？哪怕遍体鳞伤，也要活得漂亮。我是陈欧，我为自己代言。"

对于新生代的年轻消费者来说，企业创始人自己做代言人，够个性、够特别，因此十分吸引他们的目光，也愿意为此心甘情愿花钱。

……

营销的原点：如何培养一个人的营销思维

互联网营销与过去的营销迥然不同，从营销对象、营销方式到营销渠道、营销内容，这一切的不同汇集成了各种各样的互联网营销思维。

2. 五花八门的网络营销手段

现代社会是一个信息满天飞的时代，在这样的大环境下，酒香也怕巷子深，一个互联网企业如果只顾关起门来搞技术创新，而不懂得在营销上"耍耍花样"，那么即便产品很棒、技术很牛，也很可能会门可罗雀、无人问津。

扎克伯格的形象曾一度非常低调、木讷，他像很多年轻人一样，穿着随意、不拘小节，编程出身的他，身上有不少属于"宅男"的影子，比如喜欢吃麦乐鸡，常穿牛仔裤，有时穿着 adidas 拖鞋出境，公众对他的印象也大多是"大男孩"，不过这并不代表着他在 Facebook 的营销上就没有什么新想法。扎克伯格在这一点上的"创造力"和"想象力"不输给那些专业的营销人。

在 Facebook Home 上市之前，扎克伯格就制订了亲自为新产品宣传的计划，并希望以其出奇制胜的营销点一举实现 Facebook Home 的成功。

扎克伯格对 Facebook Home 这款产品表现出了超乎寻常的兴趣与自信，还为 Facebook Home 专门拍摄了一段广告。在这段广告中，像很多年轻老板一样，扎克伯格正在兴奋地演讲，"hey，快看，这是什么"！而员工们的反应却有些反常，他们不顾老板的喜悦与演讲，都在各自低着头

玩着什么。这时镜头对准一个员工手里的新产品，给予特写镜头，原来是 Facebook Home 的 HTC First 手机。

扎克伯格在这则广告中尽可能地还原了自己的工作状态，并将其命名为"在 Menlo Park 幕布后一位有趣的窥探者"，显而易见扎克伯格拍摄这则广告就是为了 Facebook Home 的产品宣传。

相当长一段时间以来，扎克伯格都相当低调、腼腆，很少会出现在镜头前，主动参演产品广告的大胆做法其实也是一种"创新"，一种营销方式上的"创新"，扎克伯格希望凭借自己的名人效应来带动整个产品的熟悉度，由此也不难看出，扎克伯格在产品的营销方面也是个非常有想法的人。

实际上，在互联网营销领域，扎克伯格的创新式做法仅仅是冰山一角。在激烈的竞争面前，五花八门的网络营销手段层出不穷。

从早期的标题党骗点击量、美女图片引流，到贴吧、论坛中"广告帖删不断，随时又再生"的现象，再到电商频繁刷单利用评论内容来营销，可以说，随着电商的繁荣发展，营销领域也经历了一个野蛮生产的过程。

今天，随着国家对直播行业的规范，互联网营销、直播广告等都变得十分规范化，经过一个时期的成长，网络营销手段也在不断改善升级。

《盛世装娘》动漫就是一部围绕化妆而产生的故事，正大光明给观众们种草各种各样的化妆品，如此营销可谓十分深度。在刚刚过去的 2021 年中央电视台春节联欢晚会舞台上，著名服装品牌盖亚传说的一场中国服饰之美的走秀，更是让人十分震惊，有意思的是，节目内容本身很精彩，但又兼顾了宣传营销之效，可谓绝妙。总的来说，现在的互联网营销正在朝着不断深化的方向发展，小红书"种草"等营销手段，也从侧面验证了这一营销发展方向。

过去邀请明星代言，一般都是拍拍广告、参加一些线下活动等，今天的明星代言其内容就变得丰富很多。以阿里巴巴为例，不断加码明星主播的招募，尤其是聚划算直接引入影视明星，通过明星自带的流量和其明星效应，来吸引广大消费者。刘涛正式加入阿里，成为阿里聚划算官方优选官，花名刘一刀；景甜入职阿里，担任"聚划算美丽种甜官"，花名"种甜"，寓意为给大家推荐品质够好、价格够甜的好物；高晓松担任阿里娱乐战略委员会主席，花名矮大紧；何炅加入阿里音乐，担任首席内容官；欧阳娜娜加入阿里，负责淘宝服饰行业运营……广告代言这种传统营销方式还在，但其内容却发生了巨大变化，酒瓶装新酒的营销手段也焕发出巨大的营销生机。

企业营销正在变得越来越精细、越来越立体，与此同时，企业的营销手段也在逐渐多元化、复合化，从直播到软文，从广告到冠名，从新媒体到线下海报等，很多企业的营销是全部覆盖的。互联网上五花八门的网络营销手段，为企业营销提供了更多选择，营销工作者要不断学习，不断掌握新的营销手段，只有这样才能有力提升营销的效率。

3. 营销内容与营销方式的整合

在信息碎片化的今天,网络上到处是数量巨大的分散性内容信息,要想实现企业营销信息的充分传播,显然仅仅依靠单一的媒体平台是不可能做到的,这就促使企业必须将营销方式进行整合,建立尽可能多样化的媒体渠道,从而实现企业营销效果的最大化。

鸡蛋不能放在一个篮子里,这一定律在互联网媒体营销领域同样适用,如果媒体平台单一,那么一旦出现"黑天鹅事件",辛辛苦苦运营的账号瞬间就会被封禁,建立多样化的营销渠道是分散营销风险的一种可靠办法,多个媒体账号形成的矩阵中,其中一两个营销渠道出现问题,虽也有影响,但不至于满盘皆输。

当"大众"越来越趋于"小众化",要想在宣传营销中赢得更多用户的关注,就必须让营销内容多元化,这就要求我们在对营销方式进行整合的同时,还要对企业营销内容进行整合。公众号上图文展示,抖音以短视频为主,营销内容多元化才能吸引不同的受众群体。

那么,对于营销工作者来说,怎样才能做好营销内容上的整合呢?

(1) 使用独家内容元素

独家的内容元素可以是口头禅、固定宣传节奏、语言、声音等。比如"今年过节不收礼啊,收礼只收脑白金",就是用固定的语言,来让全国人民都记住了脑白金,再如直播领域中的@毛毛姐的独家内容元素就是红头发和一口贵州普通话，而他也凭借那句"好嗨哟"出圈了；穿着花衣服的 @青岛大姨张大霞、@暴躁小枫 的"咆哮风"等都是借助独家内容元素，给观众们留下了清晰的、印象深刻的记忆点。

做好营销内容上的整合，就是企业的所有营销材料都要使用独家内容元素，形成一种统一感，让受众一看就能准确识别出哪些内容是××公司的手笔，如此一来不同营销内容分发在不同的营销渠道和平台后，才能形成合力，从而起到良好的营销效果。

（2）营销内容差异化

要想在众多的营销内容中，突出重围，最关键的一点就是要做好营销内容的差异化整合，只有与众不同，才能让大家记住，只有差异化才能给大家带来不一样的体验，从而在激烈的竞争中成功脱颖而出。

差异化的营销内容最好要满足有用、有趣、有共鸣三个条件中的至少一个，其次还要低成本、可复制。

有用：营销内容有用最简单的方法，就是做知识科普。汽车企业教买车养车、美妆企业教化妆、宠物医院解答养宠物问题……这些都是有用的内容。靠有用的内容出圈是完全可行的，比如家居设计师 @设计师阿爽，她的营销内容针对各种户型、各类人群需求的装修知识点，如儿童房设计方案、50平方米老房改造等，在抖音上拥有近 2000 万粉丝。

有趣：我们可以通过表演风格或剧情演绎来呈现出营销内容趣味性的一面。大名鼎鼎的 @丁香医生就是走的剧情演绎之路，主角 @田太医会在人物出现生活误区的时候出来讲干货，然而到视频最后总是被塞一嘴狗粮，或者被欺负。好玩的剧情反转让 @田太医显得非常有亲和力。

有共鸣：简单来说，就是营销内容要能够引起观众们的情感共鸣，这就要求营销工作者要善于捕捉大众日常生活中常会遇到的情景或情绪等，并能够用诙谐、调侃、段子等表现出来，我们非常熟悉的网红 papi 酱就是其中的高手。

营销内容与营销方式的同步整合，可以帮助营销工作者厘清企业的营销情况、现有的营销资源等，并在原有的基础上进行再优化、再升级，从而有力提升企业整合式营销的能力，改善整合式营销的效率。

4. 线上活动的整合式营销

中国网络视频研究中心、抖音短视频与中国传媒大学联合发布的《短视频与社会创新研究报告》显示：短视频让个体创新变得直观可见、生动有趣。2019 年短视频持续保持高增长态势，独立用户数达 6.4 亿。

当前，我们正在被各种各样的屏包围：手机屏、平板屏、电脑屏、电视屏、车载屏……在一个处处屏幕的时代，线上购物早已经成为一种主流的购物方式。

消费者需求粉尘化，用户信息碎片化，让今天的线上活动营销面临着史无前例的困局：

一是企业营销广告在哪投放成了一个非常难以抉择的难题。如果说，在传统大媒体时代，投放企业广告是一个非常简单的选择题，那么今天的企业营销广告投放就相当于一个没有任何可选项的问答题。大众的时间被不同的 App 切割成了无数个碎片，与此同时，人群也是零散地分布在不同的媒体平台。这就要求我们必须对企业线上活动营销进行整合，只有这样才能让线上营销的投入产出可控。

二是企业营销广告怎么投放，是碎片化带来的又一个难题。在信息大爆炸的今天，每个消费者每天都在接受大量的爆炸式信息，久而久之，人们对信息就"疲劳"了。在大众已经对信息产生"疲劳"的当下，如何调动起大家的兴趣，已经成为摆在所有企业面前的营销难题。以众所周知的汽车品牌宝马为例，为了能够吸引大众的注意力，宝马专门推出了AR广告，通过智能手机，用户可以将轿车放置在周边的环境中，既可以随意调整大小，还能随心所欲地切换不同的型号和颜色。已经有越来越多的企业和品牌，纷纷加入"新型"营销的行列。

在移动互联网时代，企业最需要的是放下身段，走下高高在上的"神坛"，主动贴近消费者的生活，并与消费者平等对话、互动沟通，这已经成为企业营销的重要课题。

消费者需求的碎片化，再加上用户信息的碎片化，使得现在的企业营销也不得不采取碎片化的营销组合方式，对线上活动的整合式营销有利于企业节省营销成本，避免不必要的营销浪费。要想做好线上活动的整合式营销，营销人员要深入研究线上不同的活动场景中，销售是如何发生的，这种对用户需求的洞察可以帮助我们更好地整合企业的线上活动营销资源，更大限度地发挥出线上营销的爆发力。

5. 线下+线上，让营销更有效

随着互联网和移动互联网流量坚定，线上零售遭遇天花板，与线上越来越高昂的获客成本相比，线下边际获客成本几乎不变，线下的销售和营销渠道被重估，新零售时代来临。所谓"新零售"，即企业以互联网为依托，通过人工智能、大数据等先进技术，对商品的生产、流通、营销与销售过程进行升级改造，重塑业态结构与生态圈，对线上服务、线下体验以及现代物流进行深度融合的零售新模式。

新零售开启了线下+线上一体化营销的新时代，如今，我们在城市的繁华商圈中能够看到华为线下体验店、京东线下体验店等，这些原本在线上营销领域呼风唤雨的"大佬"，正在越来越多地尝试线下+线上的整合式营销方式。

2017年，新零售的概念和落地成为大热事件，在线下+互联网、线上+实体的新零售风口下，线下和线上的营销融合发展到了前所未有的高度。

大众点评·购物频道和 New Balance 的线下+线上联合营销活动就是一个非常典型的线上线下一体化营销案例。

New Balance 提供独家年末优惠折扣，折扣信息在大众点评线上大范围营销传播，消费者只要登录大众点评就可以"1元购200元优惠券"，优惠券可以在 New Balance 线下门店使用。大众点评的线上渠道为 New

营销的原点：如何培养一个人的营销思维

Balance 的线下门店进行了非常好的营销，活动落地时，大众点评在首屏突出折扣信息，并陈列了推荐明星单品，利用定位技术，还会给消费者展示附近门店。New Balance 并不是单一的受益方，大众点评也在这一过程中吸引了新用户、回馈了老用户、增加了用户黏性、增加了平台的日活度等。

效果才是检验营销是否有效的唯一标准，那么这种线下+线上一体化的营销方式，效果怎么样呢？

据相关统计数据显示：活动期间，New Balance 业绩环比前周成长 66%（去年同期环比成长 47%），其中 1 元购 200 元券活动销售占比 12.3%，占成长销售部分的 31%；上海部分店铺线上导流的占比达到 20%。大部分店铺在 5%—10%；重庆地区整体规模只占品牌的 6%，但是券的核销量达到整体的 15%。从这些数据不难看出，线下+线上的"引流+营销"的做法效果非常惊人。

他山之石，可以攻玉，事实证明，线下+线上的整合式营销，可以让营销变得更有效。未来，今天的电子商务平台可能会消失，线下+线上+物流创造出来的新零售才是新的主流商业业态，只做线上营销不做线下营销，是非常危险的，只有将线下与线上的营销资源都整合起来，才会有光明的未来。

【营销锦囊】

企业营销正在变得越来越精细、越来越立体，与此同时，企业的营销手段也在逐渐多元化、复合化，从直播到软文，从广告到冠名，从新媒体到线下海报等，很多企业的营销是全部覆盖的。互联网上五花八门的网络营销手段，为企业营销提供了更多选择，营销领域中的"营销方式组合

拳"就是一个很好的例子。

在信息碎片化的今天,网络上到处是数量巨大的分散性内容信息,要想实现企业营销信息的充分传播,显然仅仅依靠单一的媒体平台是不可能做到的,这就促使企业必须将营销方式进行整合,建立尽可能多样化的媒体渠道,从而实现企业营销效果的最大化。

后记：让"营销"助您实现伟大梦想

奢侈品价格很贵，但依然有人买；路边摊很便宜，但依然有人嫌贵。商品定价有高有低，但不管商品定价几何，服务的又是哪一类人群，我们营销工作者都要尽可能让更多的人看到商品、了解商品，都要想方设法勾起更多人内心的购买欲。

在如今这个物质极大丰富的年代，早已经没有"必需品"的概念，现在绝大多数客户买东西都不是出于"必需"，而是一种更松散自由式的购买，"我买我高兴"才是现代商业的主流。对于今天的营销人员来说，满足客户对商品的使用需求已经微不足道，满足他们的心理需求才是高效营销的核心与关键。

"今年流行这种款，满大街都是，我也得买一件。"这是追逐流行的"从众心理"。

"没人爱自己，那就自己爱自己，前阵子刚看中一件皮衣，买买买！"这是心情不好就想大买特买的"不良情绪"发泄。

"啊，我小时候吃过这种饼干，真没想到二十多年过去了，现在还有，先来两斤。"这是人们在怀旧情绪带动下产生的购买。

……

其实，任何人在购买行为的背后都有一连串不为人知的心理活动，如果我们营销人员能够洞悉客户极力隐藏的心理秘密，那么又何愁营销没效率呢？

世界上没有卖不出去的产品，只有做不好营销的企业和低效营销的从业者。从现实层面上来说，营销可以帮助广大客户降低作出购买决策的时间成本和挑选商品时的精力成本，我们要真正从客户的角度出发去做营销，只有这样才能真正触动客户，从而赢得客户的认可。

衷心地希望大家在我的这本书里，找到《营销的原点》的秘诀与动力，同时找到营销的信心与方法。

最后，我要特别感谢指导和帮助过我的企业家们。他们是：钟睒睒、黄峥、张瑞敏、马云、姚奎章、王均豪、李玉保、王石、牛根生、董明珠、江南春、冯军、章燎原、刘振亚、严介和、郭广昌、朱新礼、沈南鹏、刘晓光、齐大伟、黄鸣、梁伯强、王振滔、邱智明。

真诚地感谢一路关心、鼓励并支持我的演说家们，他们是：澎清一、连界董事长王玥、林伟贤、姜岚昕、易发久、贾长松、北大经济学院董志勇院长、北大海文校长、梁凯恩、刘景斓、陈安之、徐鹤宁、李践、吴梓境、刘东华、李阳、王敬圣、郎咸平、南柏、李光斗、刘松琳、程杜明、刘一秒。

当然，我还要感谢我的夫人张牡丹女士以及我的孩子们，感谢他们一直以来的爱与支持，他们的鼓励与爱是我前进的最大动力！我要发自内心地感谢他们。

最后，我要真诚地感谢我生命中关心支持我成长的贵人们、朋友们以及合作伙伴们，我要永远地感谢你们。

我想重申的是：

也许在别人眼中，我们已经攀登巅峰，但是在我们心中，我们才刚刚开始！

这本书的截稿日是 2020 年 9 月 8 日，我庆幸人生很早就做了有力量的决定，还好不是昨天才做这些决定。

感谢我能在年轻的时候，就知道、悟到、做到、得到这些不可思议的生命目标。

我感谢所有让我学到足够的领导力、说服力、行销力、时间管控能力、公众演讲能力及财商智慧的老师及贵人！

此书出版之际，我衷心祝愿一切好运都被我们吸引而来，愿我们的思想永远充满了爱的能量。

徐淼

2020 年 9 月 8 日于 上海